U0503607

带你走进博物馆

Baiyingai Mongolian Autonomous Prefecture Museum

博物馆

巴音郭楞

蒙古自治州

SERIES

新疆维吾尔自治区文物局　编著

文物出版社

图书在版编目（CIP）数据

巴音郭楞蒙古自治州博物馆/新疆维吾尔自治区
文物局编著. —北京：文物出版社，2017.9
（带你走进博物馆）
ISBN 978-7-5010-5229-5

Ⅰ.①巴… Ⅱ.①新… Ⅲ.①博物馆－介绍－巴
音郭楞蒙古自治州 Ⅳ.①G269.274.52

中国版本图书馆CIP数据核字(2017)第224670号

《带你走进博物馆·巴音郭楞蒙古自治州博物馆》编辑委员会

主　　任：王卫东
副 主 任：李　军　马布里·买买提艾力
委　　员：殷春茂　张　青　杨　文　陈　英
执行主编：张　青
执　　笔：牛　耕　何筱璇　陈　莹
摄　　影：祁小山　刘玉生　赵　佳

责任编辑：冯冬梅
责任印制：陈　杰

巴音郭楞蒙古自治州博物馆

新疆维吾尔自治区文物局　编著

文物出版社出版发行
（北京市东直门内北小街2号楼　100007）
http://www.wenwu.com
E-mail：web@wenwu.com
北京荣宝燕泰印务有限公司制版印刷
新华书店经销
880×1230　1/24　印张：4.5
2017年9月第1版　2017年9月第1次印刷
ISBN 978-7-5010-5229-5　定价：25.00元

赠言

  未成年人将要承担中华民族伟大复兴的重任。关心未成年人的健康成长，关心他们的思想道德的建设是我们每个人的责任，各类博物馆不仅是展示我国和世界优秀历史文化的场所，也是未成年人学习知识、培养情操的第二课堂。

  让这套丛书带你走进博物馆，让博物馆伴随你成长。

国家文物局局长 单霁翔

2004年12月9日

目 录 Contents

馆长寄语   1

馆藏精品   4
    一、石器   4
    二、玉斧   7
    三、彩陶   9
    四、铜器   12
    五、纺织品   15
    六、木器   21
    七、泥塑   25
    八、金银器   26
    九、文书   30

基本陈列   35
    一、"巴音郭楞通史"   35

巴音郭楞蒙古自治州博物馆

二、"丝路楼兰"　　　　　　　　　　47

三、"东归壮举"　　　　　　　　　　57

文化遗产　　　　　　　　　　　　65

一、楼兰故城遗址　　　　　　　　　65

二、孔雀河烽燧群　　　　　　　　　67

三、罗布泊南古城遗址　　　　　　　70

四、米兰遗址　　　　　　　　　　　72

五、七个星佛寺遗址　　　　　　　　75

六、营盘古城及古墓群　　　　　　　77

七、兰城遗址　　　　　　　　　　　80

八、巴仑台黄庙古建筑群　　　　　　81

九、察吾呼古墓群　　　　　　　　　84

一〇、扎滚鲁克古墓群　　　　　　　86

一一、楼兰墓群   88

一二、小河墓地   90

一三、满汗王府   91

一四、红山核武器试爆指挥中心旧址 93

教育交流及服务信息   95

 一、服务队伍建设和服务方式   95

 二、宣传教育   95

博物馆基本信息   101

馆长寄语

　　巴音郭楞蒙古自治州简称巴州，"巴音郭楞"为蒙古语音译，意为"富饶的流域"。巴州地处新疆维吾尔自治区东南部，东邻甘肃、青海两省，南倚昆仑山与西藏自治区相接，西连和田、阿克苏地区，北以天山为界与伊犁哈萨克自治州、塔城地区、昌吉回族自治州、乌鲁木齐市、吐鲁番市、哈密市相邻。总面积47.15万平方千米，是中国陆地面积最大的地州级行政区域，总人口126万，有蒙古、汉、维吾尔、回等46个民族，少数民族人口占45.4%。

　　巴州自然资源富集，是塔里木石油会战的主战场和"西气东输"工程的起点，巴州是新疆第二大优质棉生产基地和重要的特色农产品、特色林果生产基地，已发现矿产74种，9种矿产储量居全国前10位。水土光热资源得天独厚，主产的库尔勒香梨、若羌红枣等驰名中外。

　　巴州人文景观独特，拥有19项"全国之最"和53种类型的旅游资源。境内有大沙漠、大湖泊、大草原、大戈壁等自然景观，还拥有众多的历史遗迹和著名的人文景观，特别是被世界考古学家和历史学家誉为"沙漠中的东方庞贝城"的楼兰、充满着神秘色彩的罗布泊、雅丹龙城这探险旅游三绝，中国最大的沙漠塔克拉玛干沙漠、最大的内陆淡水湖博斯腾湖、最长的内陆河塔里木河、最大的天鹅自然保护区巴音布鲁克天鹅湖自然保护区，中国最大的优质高山草原巴音布鲁克草原，世界内陆最大的野生动物保护区阿尔金山自然保护区，都是最具代表性的国家级或世界级旅游资源。

　　巴州文物资源极为丰富，拥有不可移动文物点657处，全国重点文物保护单位14处，自治区级文物保护单位52处。考古发现，早在数千年前，祖先们就在这片广袤的土地上繁衍生息，用勤劳与智慧创造了灿烂的地方历史文明。汉代沟通东西方经济、文化交流的"丝绸之路"西出玉门关、阳关后，南北两道均由巴州境内通过。公元前60年，西汉中央政府在乌垒（今巴州轮台县境内）设置统辖西域政治、军事的最高军政机构西域都护府，新疆成为祖国不可分割的一部分。魏晋时期，在楼兰设西域长史府。隋朝，在若羌境内设鄯善郡，且末设且末郡。唐代，在焉耆设焉耆都督府和焉耆镇，且末设播仙镇。1771年，曾游牧于伏尔加河流域的蒙古土尔扈特等部，为反对沙俄的统治，在汗王渥巴锡的率领下，17万部族踏上了东归祖国的征程。他们冒着严寒，冲破敌人的封锁堵截，打退敌人的进攻追击，历时半年，行程万里，10万英烈倒在归途疆场，以生命与鲜血，谱写了一曲爱国主义的英雄史诗，唱响了中华民族强大的凝聚力和血脉相连的主旋律。

巴州辽阔的地域、丰富的资源、便捷的交通、悠久的历史，形成了其博大、神奇、独特、多元的自然和人文景观，成为祖国西部一个充满魅力、蓄势勃发的壮美之地，人们向往的一方热土。

巴音郭楞蒙古自治州博物馆成立于1990年，新馆位于库尔勒市石化大道与迎宾路口，2012年12月正式对外开放，总建筑面积18972.46平方米，展览面积10220平方米，建筑高50米。馆藏文物10199件，种类有毛纺织品、文书、陶器、石器、铜铁器、玉器及干尸等。展陈内容分别为"巴音郭楞通史""丝路楼兰""东归壮举"等，馆内设有临时展厅、学术交流厅和办公区。馆内配备温湿度控制系统、安全技术防范系统、消防监控与自动灭火系统、博物馆信息资源采集数字化设备等，展厅采用环幕影院、幻影成像、地绘、数字电影等科技手段，是一所新型现代化博物馆。

博物馆建筑外形以长城烽燧为设计主题，配以蒙古金刚舍利佛塔为建筑基底，隐喻该建筑在寻觅和沉思古老的丝路文化、楼兰文化。新馆开放至今，接待社会各界观众近120万人次，先后荣获"自治区爱国主义教育基地""自治区科普教育基地"等多项荣誉，2013年5月被命名为国家三级博物馆。

在这里，您可以体验巴音郭楞长达5000多年的历史，感受楼兰文明、丝路文明、佛教文化和东归文化。我们将始终坚持以加强民族团结、弘扬民族文化作为博物馆的光荣使命，在努力丰富馆藏内容、提升展览水平、创新机制建设、优化服务质量、扩展对外交流、加快一流博物馆建设的进程中，充分发挥"窗口""基地""课堂"的作用。巴音郭楞蒙古自治州博物馆欢迎您！

巴音郭楞蒙古自治州博物馆大楼

巴音郭楞蒙古自治州博物馆馆长　牛耕

带你走进博物馆

带你走进博物馆

馆藏精品

一、石器

　　巴音郭楞蒙古自治州境内发现的石器地点、采集的石器大都反映了狩猎经济的文化特点。自1906年在楼兰故城发现细石器以来，15次六七十个地点的罗布泊考古调查，采集了1000余件石器。同时在阿尔金山的野牛泉遗址、昆仑山山前的来勒克遗址也发现了细石器。

　　新石器时期的细石器器物组合主要有细石核、细石叶和细石镞，在有的地点还会发现小的刮削器。细石镞的镞体有叶形、菱形、三角形等，中部截面有起脊呈菱形的，也有呈扁椭圆形或横宝石形等。

　　1. 石核1

　　新石器时代（公元前10000年～前20世纪），1997年若羌县罗布泊西岸

石核1

石核2

采集。青灰色硅质岩，呈较规则的柱体，一周有压剥石叶的痕迹。长4.6、宽3.3、厚2.85厘米。

　　2. 石核2

　　新石器时代（公元前10000年～前20世纪）。1997年若羌县罗布泊西岸采集。青灰色硅质岩，呈扁圆形柱状，一周有压剥石叶的痕迹。长5、宽2.5、厚2.7厘米。

　　3. 石核3

　　新石器时代（公元前10000年～前20世纪），1997年若羌县罗布泊西岸采集。青灰色硅质岩，呈锥状，一周有压剥石

石核3

叶的痕迹。长5.7、宽4.9、厚3.9厘米。

4. 石叶

均为新石器时代（公元前10000年～前20世纪），其中：

(1)、(4)～(11)、(13)、(14) 为1997年在若羌县罗布泊西岸采集，尺寸分别为长4.3、宽0.9、厚0.2厘米，长5.7、宽0.9、厚0.3厘米，长5.7、宽0.9、厚0.3厘米，长5.5、宽0.9、厚0.2厘米，长5.5、宽0.8、厚0.3厘米，长6、宽0.9、厚0.3厘米，长6.2、宽0.9、厚0.3厘米，长6.4、宽0.7、厚0.3厘米，长7.1、宽0.9、厚0.3厘米，长6.7、宽1、厚0.3厘米，长6.8、宽0.7、厚0.2厘米。

(2)、(3)、(12) 为2002年在若羌县罗布泊西岸采集，尺寸分别为长6、宽0.8、厚1.2厘米，长6.1、宽1、厚0.3厘米，长6.1、宽0.8、厚0.3厘米。

带你走进博物馆

(1)　(2)　(3)　(4)　(5)　(6)　(7)　(8)　(9)　(10)　(11)　(12)　(13)　(14)

石叶

石箭镞

5. 石箭镞

均为新石器时代（公元前10000年～前20世纪），其中：

（1）、（2）为1998年若羌县罗布泊西岸采集，尺寸分别为长4.1、宽1.3、厚0.5厘米，长4.9、宽1.7、厚0.5厘米。

（3）～（5）为2005年在若羌县罗布泊西岸采集，尺寸分别为长5.3、宽1.1、厚0.4厘米，长5.7、宽1.4、厚0.5厘米，长6.4、宽1.6、厚0.4厘米。

（6）、（7）为1997年在若羌县罗布泊西岸采集，尺寸分别为长6.7、宽2、厚0.6厘米，长7.1、宽2、厚0.6厘米。

6. 石矛头1

新石器时代（公元前10000年～前20世纪），1998年若羌县罗布泊西岸采集。深棕色硅质岩，桂叶形，两面压剥精细，尖端锐。长11.8、宽2.1、厚0.4厘米。

7. 石矛头2

新石器时代（公元前10000年～前20世纪），1998年若羌县罗布泊西岸采集。酱色硅质岩，通体压剥而成。刃部压剥较规整。一端尖锐，一端略弧。长20.3、宽3.2、厚1.5厘米。

石矛头1

石矛头2

二、玉斧

昆仑山因产玉而闻名于世，称昆山之玉。昆仑玉色泽纯净、温润细腻而显珍贵。在陕西新石器时代遗址、甘肃齐家文化遗址就有用昆山之玉制作的玉器。殷周以降，中原大地更是屡见出土昆山之玉器的报道，由此可见，史前就有昆山玉路，

人们又称它是"玉石之路"。

1997年和1998年，在以楼兰为中心方圆50千米范围内采集玉斧50余件，为无孔玉斧。从采集地点及其玉质观察，均为昆仑山东端及阿尔金山河流或戈壁滩的籽料。通过器形判断，应为青铜时代晚期（公元前1000年前），说明此地原始人群已从河滩或戈壁滩上寻找到坚韧耐用的玉材制造斧头用于生产，尚无

带你走进博物馆

新疆发现玉斧分布图

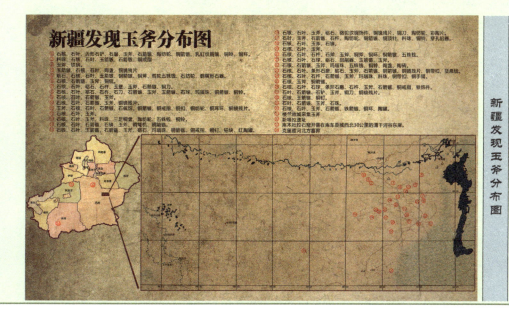

玉斧1

玉斧2

玉斧3

形成装饰或祭祀的功能。

1. 玉斧1

青铜时代晚期（公元前1000年前），1997年罗布泊西岸采集。色微泛黄，通体磨制。呈三角形，器形基本完整，高3.8、宽2.4、厚1.2厘米。

2. 玉斧2

青铜时代晚期（公元前1000年前），1997年LK古城西采集。浅绿色，刃部双面磨制，直刃，有使用痕迹。呈三角形，器形完整，高4.7、宽3.6、厚1.2厘米。

3. 玉斧3

青铜时代晚期（公元前1000年前），1998年若羌县罗布泊西岸采集。青灰色，通体磨制，弧刃，玉质较杂。呈梯形，器形基本完整，高5.1、宽3.5、厚0.8厘米。

4. 玉斧4

青铜时代晚期（公元前1000年前），2002年若羌县罗布泊西岸采集。浅绿色，直刃，玉质较杂。呈长方形，器形基本完整，高7.7、宽3.9、厚1.2厘米。

玉斧4

玉斧5

5.玉斧5

青铜时代晚期（公元前1000年前），2002年若羌县罗布泊西岸采集。天蓝色，籽玉，两侧和刃部磨制，加工精细，刃部锋利，有使用痕迹。略呈长方形，器形完整，高8.9、宽6.2、厚2.2厘米。

三、彩陶

在中部天山南麓，有以和静察吾呼文化为代表的彩陶，共出土400多件，时间为距今3000～2500年。施彩的陶器品类齐全，大小均成系列，主要是带流杯、带流罐、壶和筒形杯等，纹样主要是棋盘格纹、网状纹和雷纹。尤其是带流杯上的颈带彩、斜带彩和沿下彩，布局和式样不一，花纹富于变化。察吾呼文化彩陶纹样有不同的寓意，当时人们生活在高山、草原地带，经济形态是畜牧和狩猎，赖以生存的生活生产资料主要是马、牛、羊、驼以及各种兽类。彩陶纹样中富有写实风格的三角纹形式多

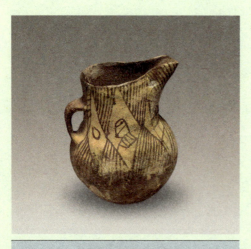

单耳带流彩陶罐1

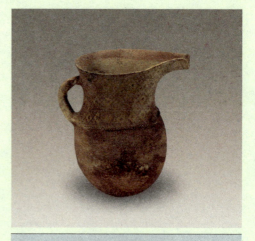

单耳带流彩陶罐2

样，各种三角纹是对处于不同距离和环境中山脉的写照，就像一幅幅风景画一样，远处暗淡，近处显现明快。网纹和棋盘格纹及其变体形式来源于毛纺织物，表明了人们的服装特征。墓葬中出土的毛织衣服残片，有斜纹、平纹以及印染过的红色菱格纹毛布，这些都以棋盘格纹、网纹和菱格纹的形式反映在彩陶纹样上，既反映了生活的真实，又增加了器物的美观。察吾呼文化彩陶器中的带流器，从任何角度看器形都是不圆

的，也是不对称的，那么就要用不圆和不对称的图案来装饰，这种美学结构正是基于对美之内涵的充分理解。

1.单耳带流彩陶罐1

早期铁器时代（公元前800～前206年），1985年轮台县群巴克墓地M3出土。直口，带流，宽带颈肩耳，直领，鼓腹，平底。器表一面有彩绘，在黄色地上绘褐色对三角纹，中间菱格中填图案，对三角中填充平行线。高23.4、口径12.3、底径8厘米。

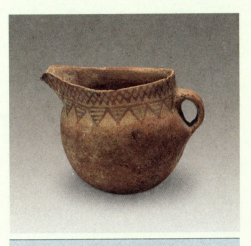

单耳带流彩陶罐3

单耳彩陶罐1

2.单耳带流彩陶罐2

早期铁器时代（公元前800～前206年），1999年和静县大山口河西墓地采集。喇叭状口，带流，高领，鼓腹平底柱状颈肩耳。器表及内口沿施褐色陶衣，颈部一侧黄色地上绘褐色菱格纹，内交替填充圆点及网纹，肩部有一周堆纹，上有戳刺纹。高15.6、口径8.6、底径5.3厘米。

3.单耳带流彩陶罐3

早期铁器时代（公元前800～前206

年），1999年和静县大山口河西墓地采集。带流，颈肩宽带耳，鼓腹，平底。腹部施褐色陶衣，口沿至肩部黄色地上绘褐彩，口沿处为网纹，肩部有一周倒三角纹，内填黑色平行线。高11.7、口径10、底径6.1厘米。

4.单耳彩陶罐1

早期铁器时代（公元前800～前206年），1987年和静县察吾呼沟Ⅳ号墓地M118出土。口微敛，筒身微鼓，上腹部有带状耳。褐色陶衣，上绘黄色菱格

带你走进博物馆

单耳彩陶罐2

单耳彩陶杯

纹，内填平行线。高18.5、口径11、底径10厘米。

5.单耳彩陶罐2

早期铁器时代（公元前800～前206年），1986年和静县察吾乎沟I号墓M313出土。侈口，领稍高，腹微鼓，平底，腹部和口部施褐色陶衣。领部黄色地上绘褐色网纹。底部钻有5个孔眼，可能为修补用。高13.4、口径8.8、底径6厘米。

6.单耳彩陶杯

早期铁器时代（公元前800～前206

年），1984年和静县察呼沟墓地M29出土。喇叭口，单耳，斜壁，平底。黄色地上绘褐彩，条纹。高8.6、口径10.6、底径5.5厘米。

四、铜器

巴音郭楞蒙古自治州青铜时代的铜器为数不多，直銎斧、铜短剑均显示出北方草原地区的青铜武器的风格。早期铁器时代的铜器多出自和静县察吾呼墓地，

直銎铜斧

铜短剑

铜骆驼挂饰

有铜刀、铜带扣、铜饰件等。1981年，焉耆回族自治县四十里城子乡博格达沁古城采集的铜龟符是巴音郭楞铜器的精品，铸造精细，文字较为清晰，为国家一级文物。武则天天授二年（691年），"改佩鱼皆为龟。其后三品以上龟袋饰以金，四品以银，五品以铜"。符的用途是为了"起军旅，易长守"，或作出入宫门关隘的信物。

1.直銎铜斧

青铜时代（公元前2000～前1000年），1995年和静县阿拉沟北部山区征

集。直銎，环状单耳，环状鼻，两面刃。长9.2、通宽4.1、通厚3.8厘米。

2.铜短剑

青铜时代（公元前2000～前1000年），2003年若羌县LE古城北Ⅰ号墓地M2清理。长方形镂孔柄，长9.6厘米，两边刃，中间有脊。残长21.5、宽3.9、厚0.8厘米。

3.铜骆驼挂饰

早期铁器时代（公元前800～前206年），1997年若羌县罗布泊西岸采集。铸造，骆驼呈站立状，双峰，尾弯曲成

双鸟首铜饰

铜弩机

铜带扣

环状。高3.3、宽3.4、厚0.3厘米。

4.双鸟首铜饰

早期铁器时代（公元前800～前206年），1984年和静县察吾呼沟M019墓出土。通体呈"U"形，两侧鸟头的嘴凸出耳钩，目大，头后各有一圈圆形纽。长8.3、宽3.3、厚1.5厘米。

5.铜弩机

汉代（公元前206～公元220年），1997年若羌县罗布泊西岸采集。青铜铸造。望山无刻度，悬刀长6.8厘米。郭长11.8、通宽6.5、通高18.5厘米。

6.铜带扣

东汉（公元25～220年），1989年和静县察吾呼三号墓地19号墓出土。扣部呈椭圆形，有活舌，套接长方形口尾，上有铆钉（残存2枚）加固，残存革带，革带残长7、宽4.4、厚0.3厘米。器物残长11.5、宽5.7、通厚0.9厘米。

7.牌式铜带扣

东汉至晋时期（公元25～420年），1998年若羌县罗布泊西岸采集。扣首残，背面有双系。器形基本清晰，由扣首和扣体组成。扣舌有座，舌长2.2、座宽1.2厘米。器物长6.7、宽4.7、厚0.4厘米。

牌式铜带扣

铜龟符

8.铜龟符

唐代（618～907年），1981年焉耆县四十城子乡博格达沁古城采集。铸造，扁平龟状。背部阴刻龟纹，龟首有一个小系孔。龟腹部有阴文"同"，字形介于篆、楷之间，周围文谓："右玉钤卫将军员外置□□□伽利□。"长4.15、宽1.9、厚0.45厘米。

五、纺织品

巴音郭楞蒙古自治州博物馆馆藏纺织品，主要出土自且末县扎滚鲁克墓地

和尉犁县营盘墓地。1985年以来，新疆维吾尔自治区博物馆和巴音郭楞蒙古自治州文物管理所对且末县扎滚鲁克墓地进行了4次考古发掘，出土织物主要有绘花毛布、斜纹毛布、毛织长袍、红色长裙、小儿毛布长衣等，这些毛纺织品无疑反映了这一时期古代新疆毛纺织业发展的一些情况，或许也能反映丝绸之路毛纺织业发展的水平。尉犁县营盘墓地通过考古发掘，也出土了大量文物，特别是丝、毛织品占有相当数量，如织锦、狮纹地毯、毛布百褶灯笼裤、刺绣等，保存基本完好，制作工艺精细，特点鲜明，对于研

小儿毛布长衣

毛布肚兜

究汉晋时期的丝路贸易、交通和中西文化交流具有重要的学术价值。

1. 小儿毛布长衣

早期铁器时代（公元前800～前206年），1989年且末县扎滚鲁克一号墓地采集。白色2/2斜纹毛布作后背，将两襟和两袖拼接，形成对襟。衣呈"V"领，胸部缀用以系缚的毛绳。长51.5、肩袖通宽70厘米。

2. 毛布肚兜

早期铁器时代（公元前800～前206年），1984年且末县扎滚鲁克一号墓地

采集。由白色平纹和2/2斜纹毛布拼缝而成，领部和下摆两侧缀毛绳，用于系缚。通长36.5、宽25厘米。

3. 变体回纹绨毛

早期铁器时代（公元前800～前206年），1989年且末县扎滚鲁克一号墓地采集。由幅宽34和38厘米的2块毛布拼缝而成，可能是一条裤腿。毛布为2/2斜纹组织，分3个区：一个区为绯色；一个区位于中部，为黄、蓝、绯、紫色绨织出变体回纹图案；一个区为紫红色。残长42、宽72厘米。

花卉纹栽绒毛垫

变体回纹缂毛

栽绒毛毯残片

带你走进博物馆

4.花卉纹栽绒毛垫

东汉至晋时期（公元25～420年），2002年若羌县LE古城北约5千米墓葬出土。基础组织斜纹，蓝地，以红、白、蓝、浅蓝、绛红等色纬线用通经断纬法织出花卉纹、几何纹、波头纹等，有晕间效果。底衬毡，边饰菱形编织物，宽3.5厘米，残成2块。残长25、宽25厘米。

5.栽绒毛毯残片

东汉至晋时期（公元25～420年），2002年若羌县LE古城北约5千米墓葬出土。毛经棉纬，用天鹅绒法织入彩色绒头，几何图案。残长42、残宽14.5厘米。

黄地菱格龙璧纹锦

尉犁县老开屏墓地M1清理。经锦。黄地，满铺菱格纹，内填飞龙、玉璧、柿蒂花纹。残长30、残宽17.5厘米。

7.狮纹地毯

魏晋时期（220～420年），1989年尉犁县营盘墓地采集。上下剪边卷缝，马蹄扣。边框有连续形图案，中部有一个狮子图案和一个"卍"纹符号。毛线用色有白、红、蓝黑等。长250、宽95～102厘米。

6.黄地菱格龙璧纹锦

魏晋时期（220～420年），2001年

狮纹地毯

刺绣香囊

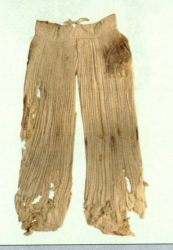

百褶灯笼毛布裤

云纹麻布靴

8.刺绣香囊

魏晋时期（220～420年），2001年尉犁县老开屏墓地出土。高4.2、宽4.5厘米，带长12厘米。

9.百褶灯笼毛布裤

魏晋时期（220～420年），1989年尉犁县营盘墓地出土。白色平纹毛布裁剪缝制，宽裤腰，裤角收口，合裆，裤腰内系绳。由腰至裤腿角打着密密的褶裥，是当时西域居民流行的裤装。长104、腰宽43.5、裤口宽15厘米。

10.云纹麻布靴

魏晋时期（220～420年），1989年尉犁县营盘墓地出土。长靿。麻布面，毡里，皮底，麻布面手绘白、黄、赭色云纹。底长24.5、宽8.5、高38.5厘米。

11.变体四瓣花纹𦅾

魏晋时期（220～420年），1989年尉犁县营盘墓地出土。平纹纬两重组织，用色及花纹分区，一为红地黄色四瓣花，一为白地紫色变体树叶纹宽带，

变体四瓣花纹罽

红地花卉纹刺绣残片

一为蓝地黄色四瓣花。一侧保存有幅边。长31、宽15～26厘米。

12.红地花卉纹刺绣残片

魏晋时期（220～420年），2001年尉犁县老开屏墓地出土。红地，用蓝、白、棕黄色丝线，以锁线针法绣出花卉枝叶纹图案。上残长18、宽9厘米，下残长18、宽4.5厘米。

13.黄地朵花纹缂毛布

魏晋时期（220～420年），1989年尉犁县营盘墓地M5出土。平纹黄色毛布，上以通经断纬法织出成排的小花朵纹，色线有红、粉红、黄、绿、褐色等。有一侧幅边。长56、宽30～62厘米。

黄地朵花纹缂毛布及局部

六、木器

木材是古代新疆居民生活中使用的主要材质之一。汉晋时期，楼兰居民不仅把木材用于房屋的建筑，如木梁、木柱以及木柱托板等，也用于棺椁的制作，如著名的汉晋时期咸水泉赛马山墓

葬出土的彩棺，更多的见于居民的生活器具，如汉晋时期墓葬出土的木盘、木杯、木碗、木梳等。

此外，在巴音郭楞自治州的考古中，小河墓地的木雕人像、标志男女性别立木、木棺上，均保留着青铜时代居民加工木材能力的痕迹。在扎滚鲁克墓地出土的木纺轮、雕花木盒、木筒，特别是木箜篌，不仅保留着早期铁器时代居民加工木材能力的痕迹，而且反映了居民的音乐生活。

1.彩棺

东汉至晋时期（公元25～420年），2005年尉犁县咸水泉赛马山墓葬出土。棺盖板横断面呈"人"字坡形，盖板上彩绘有束带联结8块玉璧的菱格框架，在正中位置填绘2峰骆驼斗咬与对马的图案，其他格内彩绘8朵莲花纹样。两侧板皆残，保存部分图案。绘有束带联结的5块玉璧形成的菱格框架，内填绘2只带翼的白虎和瑞草纹样。两挡头皆残，保存

彩棺

部分图案。绘有束带联结5块玉璧形成的菱格框架，中间菱格内填绘莲花一朵，周围的菱格内绘瑞草纹样。棺板长299、宽93～119.5、残高50、厚5厘米，棺身长233、棺头宽118.5、棺尾宽90厘米。

2."倒拱形"木柱托板

东汉至晋时期（公元25～420年），1994年若羌县楼兰故城采集。呈倒拱形，即由凸起的3块组成，中间呈倒梯形，下部有榫眼；两侧是弧形头。面上皆雕刻有花纹。全长56、宽14.5、高16.5厘米，榫眼直径12、深8厘米。

3.木柱托板

东汉至晋时期（公元25～420年），2003年若羌县楼兰故城采集。分上下两部分，上部呈正方形，下部呈长方形。下部长56、宽14、高13.5厘米，有较明显的两级，高分别为5.5、7.5～8厘米；上部长21～23、高11.5厘米，也有较明显的两级，高分别为9、5厘米。榫眼直径6.5、深6厘米。

4.四足木盘1

东汉至晋时期（公元25～420年），2002年若羌县LE古城北5千米墓葬出

"倒拱形"木柱托板

木柱托板

四足木盘1

四足木盘2

带你走进博物馆

土。用整块木料削制而成，盘身为椭圆形，四足为圆柱形。上置一个羊头骨和一副羊脊椎骨。长45、宽25.3、高7.1厘米。

5.四足木盘2

魏晋时期（220～420年），1989年尉犁县营盘墓地10号墓出土。旋制，

呈长圆形。亚腰形四足，足盘以榫卯相接。长48.4、宽28.7、通高14.3厘米。

6.四足木案

魏晋时期（220～420年），1989年尉犁县营盘墓地7号墓出土。案两侧有边缘，榫卯结构法嵌入四足，足呈扁柱式，梯形状，案厚2.8厘米。长40、宽

四足木案

漆杯

31.3、通高11.5厘米。

7.漆杯

东汉至晋时期（公元25～420年），2002年若羌县LE古城北5千米墓葬出土。旋制木胎，敞口，高领，束腰，假圈足。口、领、腹部髹红漆，底部髹黑漆，器内壁髹红漆。高8.8、口径9、底径5.2厘米。

8.漆篦

东汉至晋时期（公元25～420年），2002年若羌县LE古城北约5千米墓葬出土。马蹄形，背部椭圆，髹黑漆，下端在2个红色条纹间饰黄红色点纹，一面

漆篦

饰黄红色云纹，一面饰黄红色点纹。有梳齿32根，齿长3.7厘米。通高7.7、宽3.8、厚0.7厘米。

泥塑合十菩萨像

七、泥塑

　　焉耆回族自治县七个星佛寺始建于晋代，是佛教东传西渐过程中一处重要的佛教遗址。遗址出土有珍贵的梵文、焉耆文写本文书，古朴的木雕、精美的泥塑和描绘细腻的壁画等。

　　遗址出土的佛、菩萨和各种供养人

的泥、陶塑像，在新疆古代佛教造型艺术中占有一席之地。泥、陶塑像，人物丰姿秀态，生动优雅，既深蕴着犍陀罗艺术的遗风，又表现出中原艺术的神韵，是融汇中西创造出的具有地域特点的焉耆型佛教艺术。

　　1.泥塑合十菩萨像

　　唐代（618～907年），1988年焉耆县七个星佛寺采集。残存上身，冠亦残，泥塑，浮雕。头带宝冠，双手合十于胸前，着短袖衣。残高12.4、宽8.9、厚3.6厘米。

　　2.供养人头陶像1

　　唐代（618～907年），1989年焉耆县七个星佛寺采集。基本完整，有裂纹。头束巾，目圆睁，络腮胡须，破损处可见火烧的痕迹。高12、宽7、厚7.6厘米。

　　3.供养人头陶像2

　　唐代（618～907年），1989年焉耆县七个星佛寺采集。基本完整，有裂纹。头束巾，目圆睁，有髭，络腮胡

带你走进博物馆

供养人头陶像1

供养人头陶像2

天王头像

须，表面为黄色，局部剥落。高12.5、宽7.1、厚8.1厘米。

4.天王头像

唐代（618～907年），1989年焉耆县七个星佛寺采集。基本完整，局部残。头戴宝冠，目圆瞪，口微张。残高21、宽13.5、厚11.5厘米。

八、金银器

巴音郭楞蒙古自治州博物馆馆藏有一些非常著名、精美的金银器。1989年，和硕县新塔拉遗址采集的金耳环，为喇叭状的首部，尖状的尾端。在金耳环的器形特点上，表现出典型的新疆青铜时代器物的特征，但考古发现的多是青铜制品或银制品，金制的则很少。

　　焉耆回族自治县七个星乡老城村出土的银器组合，有鸵鸟纹银盘、树狮纹银盘、波斯铭文银碗和圈足银碗等，显示出西亚波斯萨珊和中亚粟特银器制作的工艺特点。有学者认为，这批银器更多的显示出与粟特银器制作工艺的关系更为密切，是波斯工艺东传现象的体现，隐含着丝绸之路贸易由西向东到达新疆焉耆的重要信息。

1. 金耳环

　　青铜时代（公元前2000～前800年），1989年和硕县新塔拉遗址采集。环体呈柱状，两端宽扁呈马蹄形。共26件，最大的耳环长3.3、宽3、厚0.3厘米，最小的耳环长1.8、宽1.8、厚0.2厘米。

2. 鸵鸟纹银盘

　　南北朝时期（386～589年），1989年焉耆回族自治县七个星乡老城村出土。银盘圜底，也像浅腹的碗。盘内饰7只鸵鸟，底心1只，周围6只，身姿既有

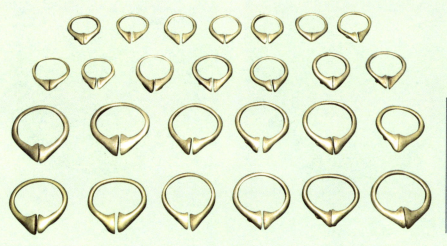

金耳环

带你走进博物馆

27

变化又有重复，皆单线平錾，阴文内涂金。鸵鸟原产自西亚和非洲，汉代时输入中国，被视为珍物。使用金银器皿不是中国固有的风习，自5世纪以后，由于受到外来文化的影响，在上层社会日益流行。中国金银器制作主要采用西亚波斯萨珊和中亚粟特工艺，尤其与粟特关系更为密切。此盘为粟特的制品。口径21、高4.5厘米，重394.5克。

3.树狮纹银盘

南北朝时期（386～589年），1989年焉耆回族自治县七个星乡老城村出土。敞口，平沿，侈唇小圆底，底部有3圈旋纹，最内圈纹中间有凹坑，为旋车加工所留，自唇下至底部最外旋纹处一周有118道凸棱，盘内有一圈旋纹，中间阴刻一头狮、两棵树和山石图案。狮呈行走状。树一高一矮，根扎于山石中，

鸵鸟纹银盘

树狮纹银盘

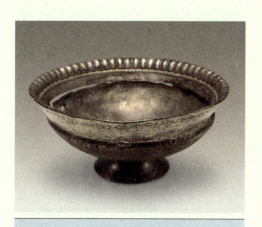

波斯铭文银碗

粟特铭文银碗

枝上结有果实。口径21.1、高3.3厘米，重331.5克。

4.波斯铭文银碗

南北朝时期（386～589年），1989年焉耆回族自治县七个星乡老城村出土。敞口，平沿，小方唇。圈足焊接，圈足高2厘米。自唇下至圈足的外壁有60道凸起的直棱。碗经旋车加工修整。碗底及圈足外壁各刻有一行铭文。有专家认为，这2处铭文是一组中古波斯文数字，但读法尚未确定，有可能是表示

器物的重量，另一种可能是指银器的价值。口径20.5、底径9.5、高7.4厘米，重813.2克。

5.粟特铭文银碗

南北朝时期（386～589年），1989年焉耆回族自治县七个星乡老城村出土。敞口，微折肩，喇叭形圈足，口沿内侧一周瓣状凸棱，棱下一周同心圆饰。自腹至近圈足的外壁一周有95道凸棱，口沿外侧有一圈粟特铭文，应是粟特工匠的制品。口径16.2、底径6.5、高

带你走进博物馆

圈足银碗

7.2厘米，重534.5克。

6.圈足银碗

南北朝时期（386～589年），1986年焉耆回族自治县七个星乡老城村出土。敞口，圆唇，圈足焊接，器表口沿下一周连珠纹，下为密集的长条花瓣纹。高6.5、口径17、底径6.5厘米。

九、文书

1983年，在且末县塔特让乡苏伯斯坎遗址出土27件汉文纸文书。文书中有明确的纪年，其中一件是"至元二十年（1283年）十二月"，一件是"至元二十一年"（1284年）。内容有书信、弹词、名录、布告、籍账、保告状、习字等。元代，在西域设置有按察使、宣慰使、提举司、交钞库、达鲁花赤、断事官等官职以管理民、刑、财政等事。元朝政府还在阖鄲，即今且末县一带实行屯田。

苏伯斯坎遗址位于且末县塔提让乡东北15.5千米处的沙丘凹地中，被流沙覆盖，仅暴露出一些呈"T"形的土块建筑。遗址还出土有与站赤相关的汉文文书，应是元代的一处站赤。

"站赤"，是蒙古语驿站的音译。至元十九年（1282年），元朝政府"从蒙古将领别速台请，在罗卜、怯台、阇里辉（今且末县）、斡端等处置驿"，以保证塔里木盆地南部东段道路的畅通。从出土文书可以看出，苏伯斯坎遗址应该为阇里辉驿所在地。

1."牌子头成林"等名籍

元代（1271～1368年），1983年

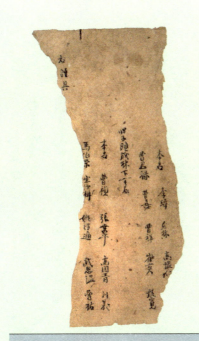

"牌子头成林"等名籍

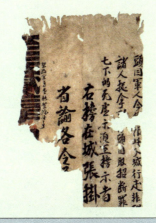

通缉布告

且末县塔提让乡苏伯斯坎遗址采集。纸张纵向完整，可知当时制纸宽度，残存文字6行，其中有"曹祯""张世皋"等9人名字。《元史》兵制，"其法，家有男子，十五以上、七十以下，无众寡尽签为兵。十人为一牌，设牌头，上马则备战斗，下马则屯聚牧养。孩幼稍长，又籍之，日渐丁军"。长37、宽17.5厘米。

2.通缉布告

元代（1271～1368年），1983年且末县塔提让乡苏伯斯坎遗址采集。纸面残，残存文字7行。内容是捉拿逃走军人的布告。书有"右榜在城张挂。省谕各令……"，说明是一件张贴在城池的告民布告。下似为木版刻印的布告序号及钤盖的朱印，字迹不清。长47、宽24厘米。

3.铺马凭证

元代（1271～1368年），1983年且末县塔提让乡苏伯斯坎遗址采集。残存15行文字，保存一些地名和官府名称，

带你走进博物馆

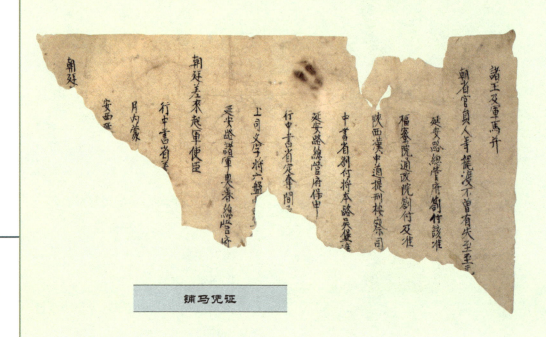

铺马凭证

并有"至元"年号。至元是元世祖忽必烈的年号,从1264年至1294年,至元八年(1271年)定国号元,历经30年。有人推测这件文书是古代通过关隘时必须出示的交通证明书即铺马凭证,唐代称过所,相关的文书在元代有铺马札子、铺马差札或铺马圣旨、给驿圣书、别里哥等称呼。至明代称"驿券"。长14、宽24.5厘米。

4. "保告人成林等"状

元代(1271～1368年),1983年且末县塔提让乡苏伯斯坎遗址采集。纸质疏松,毛边,两面书写,内容基本完整。文书正面有至元廿一年的纪年,首书"保告人成林等",落款"保告人成林、姚得通、宋汝楫等状"。中书一"議"字,说明文书已由这里的百户看过。背面似为草拟的文稿,有多处涂、改字,文字不很清

"保告人成林等" 状

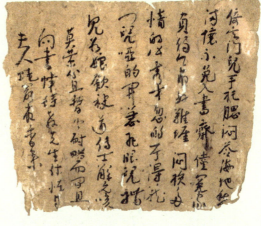

弹词董本《西厢记》元抄件

晰。长22、宽27厘米。

5.弹词董本《西厢记》元抄件

元代（1271～1368年），1983年且末县塔提让乡苏伯斯坎遗址采集。残存9行，从"倚定门儿手托腮"到"夫人烧罢夜香来"止，出自董解元《西厢记》一阕。元代在此边关的守军多是汉人，这是他们平时喜爱阅读的书籍之一。长26.5、宽22厘米。

6.弹词元抄件

元代（1271～1368年），1983年且末县塔提让乡苏伯斯坎遗址采集。边破损，字有失，字迹潦草，残存9行。从"时相思处处"开始，至"相思推不去"结束。因有"可意着情文君"，有人推测似为汉代司马相如与卓文君的恋爱故事。长31、宽25厘米。

带你走进博物馆

带你走进博物馆

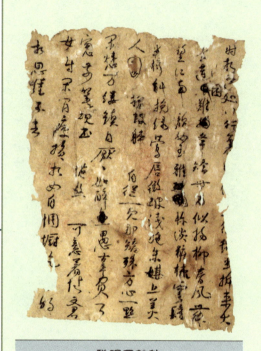

弹词元抄件

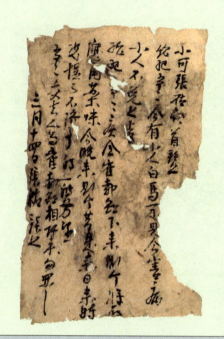
张祐书信

7. 张祐书信

　　元代（1271～1368年），1983年且末县塔提让乡苏伯斯坎遗址采集。纸面略残，有文字8行，内容基本完整，能够反映元代的书信格式。这是张祐给总把哥哥的书信，总把哥哥应该是当时住塔提让的总把，即张祐的上司。长29、宽12厘米。

基本陈列

巴音郭楞蒙古自治州博物馆拥有3个常设展厅，包括"巴音郭楞通史""丝路楼兰""东归壮举"，在全疆博物馆界占有十分重要的地位。

一、"巴音郭楞通史"

"巴音郭楞通史"陈列展出面积近700平方米。按照巴州社会历史发展进程，依次分为史前的巴音郭楞、两汉时期的巴音郭楞、魏晋南北朝时期的巴音郭楞、隋唐时期的巴音郭楞、五代辽宋时期的巴音郭楞、清代的巴音郭楞、民国时期的巴音郭楞以及新中国时期的巴音郭楞蒙古自治州等九大部分。

展厅以实物陈列为主，以丰富的历史文物反映相关的历史印记。其内容不仅展现了巴州历史的概貌和丰富内涵，而且突出展现了巴州的民俗与地区特色。陈列形式设计突破传统的通史陈列展示形式，运用单元主题等新的设计理念，为九大部分的内容设计了不同的展示空间。

1. 史前时期——沧海桑田罗布泊（公元前206年前）

巴音郭楞的史前时期经历了石器、青铜和早期铁器时代。距今1万年前后的罗布泊居民已经在使用细小石器。这一文化现象在阿尔金山、昆仑山山前也有发现。古墓沟、铁板河也属于这一文化，此时的新塔拉也有人类居住。公元

前1000年后，南天山迎来了察吾呼文化居民，扎滚鲁克文化居民出现在昆仑山脚下。

　　（1）石器时代（距今1万年～公元前2000年）

　　自1906年在楼兰古城发现细石器以来，考古工作者15次对罗布泊地区进行考古调查，采集石器1000余件。另外，阿尔金山的野牛泉、昆仑山山前的来利勒克也发现了细石器。

巴音郭楞通史展厅之石器时代

（2）青铜时代、早期铁器时代（公元前2000～前206年）

巴音郭楞青铜时代遗存以小河墓地为代表，年代在公元前2000年前后至公元前1450年前后。新塔拉遗址在公元前1370年前后，早期铁器时代的时间在公元前8、7世纪至公元前3世纪末。

（3）史前的巴音郭楞经济

石器时代的居民以狩猎经济为主，罗布泊周缘存在渔猎。青铜时代绿洲居民开始了锄耕农业和养畜业，至早期铁器时代有了进一步的发展。早期铁器时代昆仑山居民的养畜业得到发展，而天山居民则逐渐走向了游牧。

（4）史前的巴音郭楞文化艺术

昆仑山、天山保存着珍贵的岩刻画艺术品，昆仑山岩刻画以莫勒切为代表，天山岩刻画以库鲁克塔格为代表，同时还有许多新发现。画面有人物、羊、牛、马、骆驼等。从采集、出土的玉、金、陶、草等器物分析，当时巴音郭楞居民的文化艺术生活还是比较丰富的。

（5）扎滚鲁克墓地

扎滚鲁克墓地位于且末县托格拉克勒克乡扎滚鲁克村附近。1985年以来，4次发掘168座墓，主体文化的年代大体分布在公元前8世纪至公元3世纪中期。出土了干尸、服装等。

2.两汉时期——都护号令班西域（公元前206～公元220年）

新疆古称西域，包括今天巴州和塔里木盆地及周缘地区。《汉书·西域传》称，西域本三十六国，皆在匈奴之西，乌孙之南。南北有大山，中央有河，东西六千余里，南北千余里。东则接汉，厄以玉门、阳关，西则限以葱岭。其南山，东出金城，与汉南山属焉。

两汉时期的巴音郭楞见证了汉、匈奴争夺西域，汉朝统一西域设立西域都护府的过程。从此，汉朝政府参与西域诸国内部事务，同时册封西域诸国的国

巴音郭楞通史展厅之两汉时期

王及各级官吏。

（1）西域都护府建立

西汉政府于神爵二年（公元前60年）在乌垒城（今轮台县境内）设置都护府，"汉之号令班西域矣"，西域正式归属汉朝版图，管辖范围东起阳关、玉门关，西至中亚费尔干纳盆地，北抵巴尔喀什湖，南括葱岭山区。

（2）两汉时期巴音郭楞的绿洲国家

据《汉书·西域传》记载，在巴音郭楞地区出现过楼兰、焉耆、且末、危须、若羌、小宛、山国、尉犁、渠犁、乌垒等国，楼兰一名出现于西汉文帝前元四年（公元前176年），公元前77年迁都扞泥城（今若羌县城），更名为鄯善国。

东汉时期，焉耆国兼并尉犁、危须、山国、捷枝、乌垒，鄯善国兼并且末、小宛、戎卢、精绝。

（3）两汉时期的巴音郭楞经济

两汉时期的巴音郭楞诸国有的地方土地肥饶，建城郭，种五谷、蒲陶（葡萄）诸果；有的则地沙卤，人们逐水草而牧；有的则是山有铁，自作兵，有弓、矛、服刀、剑、甲。

（4）两汉时期的丝绸之路

张骞在汉武帝建元三年（公元前138年）和元狩四年（公元前119年）两次出使西域，西汉政府与西域诸国建立了政治和贸易关系。丝绸之路出玉门、阳关后有两道，从鄯善傍南山北，沿河西行至莎车，西逾葱岭则出大月氏、安息为南道；自车师前王廷随北山，沿河西行至疏勒，西逾葱岭则出大宛、康居、奄蔡焉为北道。

3.魏晋南北朝时期——蚕桑佛陀连东西（220～581年）

十六国时期（304～439年），中原诸政权与今巴音郭楞发生统治关系的主要有前凉、前秦、后凉、北凉等地方政权。魏文帝黄初三年（222年），鄯善国（今若羌）遣使通魏，晋武帝太康四年

（283年），封鄯善王为归义侯。北魏年间，柔然、高车、嚈哒进入焉耆国，吐谷浑进入鄯善国（今若羌）。北周初元二年（558年），突厥与波斯联合击败嚈哒，焉耆一带属突厥统治。

（1）西域长史的设立与北魏鄯善（今若羌）、焉耆的设镇

曹魏和西晋在楼兰设置西域长史，东晋咸和二年（327年）前凉戊己校尉赵贞叛乱，前凉驻守楼兰的西域长史李柏向前凉王张骏作了报告，张骏击败赵贞并将其生擒，这是西域史上的一件大事。北魏统一北方，胜柔然，在鄯善、焉耆设镇，并命韩拔为西戎校尉，驻守鄯善，管辖西域。

（2）魏晋南北朝时期的巴音郭楞经济

魏晋南北朝时期的巴音郭楞经济有了进一步的发展，晋代楼兰地区已经使用牛犁技术，种植作物主要有大麦、小麦、糜子和禾（谷子），开始引水灌溉，

养畜业也获得发展。纺织作坊开始出现，这时在楼兰地区仍有西北政权如前凉、北凉的军队屯田。

（3）魏晋至唐时期的巴音郭楞佛教艺术

巴音郭楞佛教艺术遗迹主要在米兰、楼兰和焉耆。米兰佛教壁画的年代为2～4世纪，最著名的是"有翼天使"。焉耆佛教艺术在西域佛教史中也占有非常重要的位置，这时，袄教也流传到了且末、鄯善、焉耆一带。

（4）魏晋南北朝时期的丝绸之路

丝绸之路出敦煌、玉门关经巴音郭楞大体有3道，经若羌越葱岭入大月氏是南道；从都护经故楼兰、龟兹至葱岭是中道；从玉门关西北经横坑、龙堆到高昌，转西与中道合龟兹是新道。

4.隋唐时期——安西都护固边关（581～907年）

隋唐时期，隋朝在鄯善（今若羌）、且末设郡。唐朝在显庆二年（657

年）平阿史那贺鲁之乱后，将安西都护府升格为安西大都护府，其辖治范围东起阳关、玉门关，西至中亚的咸海一带，北抵额尔齐斯河，南与吐蕃相邻。

（1）隋代创立鄯善（今若羌）、且末郡

隋统一中原后，隋文帝派杜行满与韦节等人出使西域。隋炀帝大业五年（609年），隋军平定吐谷浑之后，设校尉处理西域事务，并在鄯善、且末设郡。在鄯善郡下设显武、济远两县，在且末郡下设肃宁、伏戎两县。推行中原地区的郡县行政体制。

（2）唐统一西域及都督府的设置

唐朝于贞观十四年（604年）平高昌，设安西都护府。贞观十八年（644年）平焉耆，置焉耆都护府。贞观二十二年（648年）安西都护府迁龟兹，下有焉耆、龟兹、疏勒、于阗4镇。随后，在西突厥故地设蒙池、昆陵两个都护府，下有鹰娑都督府。

（3）隋唐时期巴音郭楞的突厥、吐蕃和回鹘在巴音郭楞的活动

突厥、吐蕃和回鹘都是我国历史上的游牧或畜牧民族。隋开皇二年（582年），西突厥建牙帐于鹰。7、8世纪时，吐蕃建造了米兰古城。9世纪中期，漠北回鹘西迁焉耆。

（4）隋唐时期的丝绸之路

隋唐时期丝绸之路非常发达《西域图记》《太平寰宇记》《新唐书·地理志》、玄奘《大唐西域记》中提到的吕光馆、盘石、张三城守捉、新城馆、淡河、焉耆镇城、折摩驮那故国、纳缚波故国都在巴音郭楞境内。

（5）隋唐时期的巴音郭楞经济

隋唐时期南疆犁耕比较发达，阿耆尼国（焉耆）泉流交带，引水为田。土宜糜、黍、宿麦、稻、粟、菽，园林有香枣、葡萄、梨、奈诸果，畜有驼、马、牛、羊等。1957～1958年，曾在唐王城等遗址发现粮仓遗迹和大批粮食以

及一些极细的面粉。

5.五代辽宋时期——回鹘西迁兴焉耆（907～1271年）

五代辽宋时期的西域政权更迭频繁。10世纪上半期，西迁楚河流域的回鹘与葛逻禄等联合建立了喀喇汗王朝，首府在八拉沙衮和喀什噶尔。喀喇汗王朝的首领自称"桃花石汗"，意为"中国之汗"，表示自己是属于中国的。随之喀喇汗朝接受了伊斯兰教，并开始向西域传播。12世纪初，耶律大石西征，建立西辽，征服西州回鹘、喀喇汗王朝等，统治了今南疆的广大地区。

（1）焉耆回鹘及西辽对巴音郭楞的统治

唐开成五年（840年），回鹘汗国被黠嘎斯攻破，庞特勒率20万众西迁焉耆，称可汗，史称焉耆回鹘。随后，建立西周的回鹘政权，统一了焉耆回鹘，打败吐蕃，统有且末、若羌、轮台等地。宋宣和四年（1122年），西州回鹘臣属于西辽。

（2）五代辽宋时期的巴音郭楞经济文化

1993年，从若羌县瓦什峡遗址采集的熙宁、天圣和祥符元宝，元丰、皇宋、嘉祐和元祐通宝铜钱，反映了北宋时期中原与巴音郭楞的商贸往来。1989年，在和硕县乌什塔拉乡收集了一件刻有回鹘文的陶罐，反映了回鹘文化的一个侧面。另外，回鹘西迁焉耆后开始信仰佛教。

6.元明时期——蒙古西征立汗国（1271～1644年）

1206年，铁木真统一蒙古诸部，称成吉思汗。1271年，忽必烈汗建立元朝。1280年，元政府在西域设交钞提举司，后又设别失八里、和州等处宣慰司管理西域。1514年，赛亦德汗在叶尔羌创建了叶尔羌汗国。1566年，叶尔羌汗国占领焉耆、库尔勒、罗布泊一带。1600年，吐鲁番总督阿卜剌因控制焉耆

巴音郭楞通史展厅之元朝时期

带你走进博物馆

以东广大地区。

（1）蒙古统一西域

1211年，蒙古汗国的势力进入西域，至成吉思汗晚年，西域成为察合台和窝阔台汗国的封地。察合台封地包括了今焉耆以西的整个地区，称作察合台

汗国。1347年，察合台汗国分裂为东、西两个汗国，东察合台汗国统治着天山南北。

（2）元、明时期的巴音郭楞经济文化

元代，在西域设立按察使、宣慰

使、提举司、交钞库、达鲁赤花、断事官等以管理民、刑、财政。元政府还在阔郖（今且末）一带实行屯田，1282年，忽必烈下谕在罗卜门里辉立驿，以保证塔里木盆地南缘东段道路的畅通。

7. 清朝时期——一统西域称新疆（1644～1911年）

1644年，清统一全国。1758年，将焉耆改名为喀喇沙尔，修建新城。1771年，游牧于伏尔加河流域的土尔扈特、和硕特回归祖国，大部分被安置在巴音郭楞，实行札萨克制，由喀喇沙尔办事大臣兼辖，伊犁将军节制。1865年，浩罕阿古柏入侵南疆。1875年5月，清政府任命左宗棠为钦差大臣，讨伐阿古柏。1884年，新疆建省。

（1）清代的喀喇沙尔地区

喀喇沙尔办事大臣主要管理焉耆及库尔勒、布古尔两回庄，实行伯克制。卡墙（今且末）、卡克里克（今若羌）属和田办事大臣辖区。1882年7月，设置喀喇沙尔直隶厅，归阿克苏道管辖。之后，喀喇沙尔恢复焉耆旧名，直隶厅升格为焉耆府。

（2）清代喀喇沙尔地区经济

清朝时期对屯垦事业采取扶持、奖励优惠政策，喀喇沙尔地区兵屯、民屯及回屯参与屯垦的人数不断增加，面积不断扩大，农业生产得到进一步的恢复，经济得到了发展，各民族关系进一步密切，对社会发展起到了积极作用。

（3）林则徐在喀喇沙尔

林则徐为清代著名爱国之臣，因禁烟被贬新疆，他的足迹遍布南北疆各地，在喀喇沙尔、布古尔、新平地区留下很多为民造福的水利工程，至今为各族人民所称道。1845年7月，林则徐和全庆到喀喇沙尔勘察屯地新垦。

（4）清代喀喇沙尔地区商业

清初，喀喇沙尔地区与内地的商贸交流频繁，喀喇沙尔、布古尔等地盛极一时，以天津口岸为依托，销售土特产品，形成了运输产品的燕、晋、津驼队，互通有无。1801年，焉耆有商家1150余户。

8. 民国时期——星火燎原迎曙光（1911～1949年）

民国初年，焉耆、库尔勒等地仍归属阿克苏道。焉耆地区农业、牧业经济并存，相互交织。焉耆地区有中国共产党人的活动。抗日战争期间，在焉耆地区的中国共产党人，以政府公职人员的身份在焉耆地区行政督察专员公署教育局、地方税局、财政局等部门和轮台县税局任职。

（1）焉耆行政区的建立

1920年，设焉耆道。1938年，焉耆道改为新疆第八行政区。1946年，行政专员将原三科扩编为四处八科，下辖焉耆、库尔勒、轮台、尉犁、若羌、且

巴音郭楞通史展厅之民国时期

带你走进博物馆

末、和静、和硕8县。

（2）焉耆行政区人民的抗日募捐

抗日战争时期，焉耆地区各族民众和全国人民血脉相连，万众一心，共赴国难，齐心救国。焉耆地区的抗日募捐，不仅募集到大批支前物资，而且深刻地教育了广大民众，激发了各族人民的满腔热血，提高了各族人民的爱国热情，体现了中华民族团结一致抵御外侮的情节。

（3）共产党人在焉耆地区活动纪实

民国28～32年（1939～1943年），主政新疆的盛世才向中国共产党要求派人到新疆工作。中共中央先后分两批从延安派遣了150多名党员干部，在焉耆地区工作过的有4名，巴州各族人民永远铭记他们的名字和事迹。他们是曹建培、郝升、蒋连穆、薛汉鼎。

9.新中国成立以来——巴音郭楞开新篇（1949年至今）

新中国的成立、新疆的和平解放，使巴音郭楞的历史翻开了崭新的一页。半个多世纪以来，在国家的关心、重视和新疆维吾尔自治区党委、政府的坚强领导下，巴州党委、政府团结带领全州各族干部群众开拓进取，艰苦奋斗，巴州的经济建设、政治建设、社会建设、文化建设和生态建设都取得了巨大的进步和辉煌的成就。目前，一个经济快速发展、政治和谐安定、社会全面进步、民族团结和睦、各族人民安居乐业的巴音郭楞已经呈现在世人面前。

（1）民主政治日益巩固

新中国成立以来，党和国家领导人及全国、全疆人民为巴州的建设和发展给予大力支援和亲切关怀，在全国和有关各方的大力支持下，自治州始终把坚持党的领导、人民当家做主和依法治州有机统一起来，积极稳妥地推进政治体制改革。无论建州初期的党政建设、平叛剿匪、减租反霸斗争，还是建州后实行民族区域自治，全面贯彻落实党的民族宗教政策等，全州各族人民的民主权利得到保障和发展，平等、团结、互助、和谐的社会主义民族关系不断巩固和发展，社会政治大局保持和谐稳定。

（2）国民经济快速发展

建州初期，自治州工业、农业生产落后，经济基础十分薄弱，人民生活困难。为了改变落后局面，州委、州人民政府带领全州各族人民认真贯彻党的路线方针政策，坚持从实际出发，从土地制度和生产关系变革着手，加强基础设施建设，发展生产、恢复经济，基本完成了社会主义改造，初步建立了社会主义制度，自治州社会生产力得到恢复和发展。1978年，党的十一届三中全会召开以后，巴州与全国全疆同步实行了改革开放，全州各级党委、政府坚决贯彻中央的方针政策和工作部署，牢牢抓住南疆铁路通车、塔里木石油大会战、西部大开发等重大发展机遇，牢牢把握

经济建设这个中心，走出了一条具有巴州特色的发展之路，促进了经济社会全面、协调、可持续发展。

（3）社会事业全面进步

建州后，特别是改革开放以来，全州各级党委、政府坚持立党为公、执政为民的本质要求，大力实施"民心工程"，坚持不懈地为各族群众办好事、办实事，不断改善和提高人民群众生活水平，使巴州各族人民大步迈向全面建设小康社会的新征程。

（4）党的建设不断加强

新中国成立后，巴州各级党组织不断健全，党员队伍发展壮大。

二、"丝路楼兰"

"丝路楼兰"陈列展出面积1341平方米。陈展内容依次为罗布泊的黎明、罗布泊的小河、西域古国楼兰、楼兰人的容貌、楼兰文化的研究5个部分。

带你走进博物馆

"丝路楼兰"展厅序厅

序厅以艺术墙面造型，再现了罗布泊水草丰茂的景象，之后，通过时光隧道把观众带到了远古时期的罗布泊，场景制作采用半景画与雕塑相结合的手法。

楼兰是2000年前罗布泊地区的一个小国。有人说"楼兰"是国名，也是楼兰国的都城名，有人说，楼兰仅仅是国名。公元前2世纪，西汉政府派使者张骞联络月氏、乌孙国，以夹击匈奴。这一战略决策凿空了丝绸之路，也使居于这条路线要冲的楼兰成为交通中心，成了联系亚欧丝绸之路的军事、经济重镇。在司马迁的《史记》、班固的《汉书》、范晔的《后汉书》中，楼兰一词不绝于书。但晋代以后，却突然从人们的视野消失，沉落到了历史的尘埃之中。

1.罗布泊的文明

人类最早在什么时候来到了罗布泊荒原，在这片大地上生存、生活，曾经历过怎样的艰辛开拓着这片土地，不见任何有文字的历史记载。考古工作者在这里多年的搜寻找到了大量细小石器

时空隧道—楼兰大事记

遗物石核、石叶、石镞等。大概可以说明，最晚在距今约10000年，罗布泊迎来了早期开拓者，是一批游动的狩猎人，他们的出现，给罗布泊大地的生态环境带来了强有力的冲击，罗布泊大地掀开了历史全新的一页，他们就是罗布泊人，迎来了罗布泊的文明。

（1）沧海罗布泊

有人认为，"楼兰"的含义就是"蒲昌海"或"盐泽"的意思，因"海""泽"而得名。《史记正义》引《括地志》称："蒲昌海一名泑泽，一名盐泽，亦名辅昌海，亦名牢兰，亦名临海，在沙州西岸。""牢兰"可能就是"楼兰"的不同读音，指的就是罗布泊。

（2）罗布泊石器

罗布荒原上散布着数不尽的石器，石器的发现打开了罗布泊人活动的史前历史。从12000多年前的旧石器时代晚期至4000年前的新石器时代，罗布泊的原始居民开始了用角闪石制造生产工具，代表着以狩猎经济生产为特点的居民生活。

2.罗布泊的小河

罗布泊是三河汇流的地方。郦道元《水经注》称："且末河东北径且末北，又流而左会南河，会流东逝，通为注滨河；南河又东径于阗国北，又东，右会阿耨达大水，北流注牢兰海者也；大河又东，右会敦薨之水，其水出焉耆之北，西流注于泑泽。"阿耨达大水是今天的塔里木河，敦薨之水是孔雀河，且末河是车尔臣河。

小河是孔雀河下游的一个小水域，因在相去不远的地方发现了有千口棺材的五号墓地而出名，今天，人们称它为小河古墓，是小河文化的根。

（1）小河古墓

小河古墓位于孔雀河南支流小河东侧4千米处。1934年，瑞典考古学家贝格曼初次发掘了12座墓。2002年以来，新疆文物考古研究所进行了全面的发掘，

罗布泊居民生活场景

小河墓地场景

带你走进博物馆

带你走进博物馆

楼兰故城想象沙盘模型

2002年发掘4座墓，2003～2004年发掘33座墓，2004～2005年发掘30座墓，至今，共发掘了167座墓葬。

（2）古墓沟墓地

1979年，新疆社科院考古研究所发掘42座墓。有的墓穴周围环绕列木，外侧是散射的列木；有的墓穴使用木葬具。随葬器物有盛小麦粒的草篓、麻黄枝、木器、骨角器、小铜饰、木雕像等。死者头戴尖顶毡帽，身裹毛毯，足着牛皮鞋。年代距今约3800年。

（3）昆仑之玉路

昆仑山因产玉而闻名于世，称昆山之玉。昆仑玉因色泽纯净、温润细腻而显珍重。在陕西新石器时代遗址、甘肃齐家文化遗址出土有用昆山之玉制作的玉器。殷周以降，中原大地更是屡见出土昆山之玉器，看来，史前就有昆仑之玉路，人们又称它是"玉石之路"。

3.西域古国楼兰

西汉时期，楼兰是罗布泊绿洲的城邦小国。《史记》称："楼兰、姑师邑有城廓，临盐泽。"《汉书》称："楼兰，去长安六千一百里。户千五百七十，口万四千一百，胜兵二千九百十二人。辅国侯、却胡侯、楼善都尉、击车师都尉、左右且渠、击车师君各一人，译长二人。国出玉，多葭苇、柽柳、胡桐、白草。民随畜牧逐水草，有驴马，多橐它。"元凤四年（公元前77年），楼兰更名鄯善（今若羌县）。

永元二年（公元90年）鄯善国兼并且末、小宛、戎卢、精绝，成为西域的一个大国。

（1）楼兰人的国家

楼兰故城坐落在罗布泊西岸。这一带曾是河道纵横，水面有小船来去。林木葱郁，深处牛羊成群。城边大道不时飘来驼铃声，驮载的一捆捆丝绸、毛布。城址基本呈正方形，城东墙长约333.5米、南墙长329米，西、北墙长327米。

（2）楼兰人的生活

楼兰人饲养羊、牛、马、骆驼、驴，种植麦、粟、禾、谷、米。生活中有蒸、煮用的甑，吃麦面、饼、牛羊肉，喝乳，还有瓜果、蔬菜。代步工具为马、驼、驴。有买卖市场，进行粮食、东罗马玻璃器皿、西南亚毛布、中原丝绢的交易。

（3）楼兰人的墓葬

楼兰国居民的幽冥世界与一般城市无异，大多放在城郊。目前，已经发现的汉代墓地都在城池的东北郊，或夫妇合葬，或家族合葬。伴随逝者进入地府

楼兰故城遗址复原场景

狮纹栽绒地毯

带你走进博物馆

彩棺

带你走进博物馆

的有陶质的盆盆罐罐，木质的食案、碗盘、漆耳杯，还有彩色鲜艳的毛布，彩色斑斓的丝质锦绸等。

（4）楼兰屯田遗址

太初四年（公元前101年），西汉驻军屯田于轮台、渠犁两地，元凤四年（公元前77年），在楼兰地区伊循屯田，史有"积居庐仓"的记载，黄文弼先生在土

垠遗址发现71枚汉简，就有屯戍"居庐訾仓"。楼兰之屯至东汉建初元年（公元76年）悉罢。

（5）丝路的楼兰道

西汉政府为了打通丝绸之路，两次派李广利伐大宛。一次是太初元年（公元前104年），一次是太初四年（公元前101年），李广利这两次伐大宛走的都是

楼兰人的容貌

楼兰道。于是，敦煌西至盐泽，往往起亭，而轮台、渠犁皆有田卒数百人，置使者校尉领护，以给使外国者。

4.新疆古代人体标本

新疆古代人体标本人们俗称"干尸""古尸"。它是研究新疆古代居民组群体质特征及人群迁徙活动的重要资料，从中认识新疆古代社会的民俗和变革，阐释社会复杂变化的过程。同时，可以进行古病理学、古DNA、古食谱以及环境变化的研究，研究领域颇广，还在扩展。

5.楼兰故城的保护

20世纪80年代，巴州、若羌县、

尉犁县相继成立了文物保护管理所，负责楼兰地区的文物保护，定期进行文物安全巡查。1999年，新疆维吾尔自治区文物局、中国文物研究所、巴州文管所和若羌县文体局对故城进行抢救性加固，2003～2004年，修建保护围栏、树立保护标志，设立了楼兰、米兰、营盘保护站。

三、"东归壮举"

"东归壮举"陈展面积1331平方米。陈展内容有西迁伏尔加河畔、万水千山隔不断、壮士血染东归路、安置故土祖国亲、东归精神耀千古5部分。

序厅以浅浮雕墙面造型勾勒出东归

"东归壮举"展厅序厅

路线图。渥巴锡的雕像立于大厅中央，寓意西迁的卫拉特蒙古族人民在土尔扈特首领渥巴锡的率领下，长途跋涉，历尽艰辛，完成了东归祖国的伟大壮举。为了突出离乡、思乡、返乡、重建家园等4个重要内容，在陈列形式上，以半景画、浅浮雕、高浮雕、场景复原、360度环幕影院、虚拟漫游等高科技手段，展示东归全过程。

展览紧紧围绕主题，以东归壮举为脉络，以人物和事件为重点、亮点，让参观者认识东归、了解东归以及东归的伟大精神，利用东归历史事件中的重要环节和闪光点，来展示其悲壮而光荣的历史，宣扬爱国主义精神，增强中华民族紧密团结、互助共生的凝聚力。

"我们的子孙永远不当奴隶，让我们到太阳升起的地方去！"1771年1月17日清晨，17万蒙古族人民异口同声地发出了这样的吼声。从那一刻起，为了摆脱沙俄的残暴统治，他们在年仅29岁的首领渥巴锡的率领下，离开生活了近一个半世纪的伏尔加河下游草原，踏上充满血与火的征程，向着太阳升起的东方、向着祖国前进。他们忍受严寒饥饿，历尽艰难困苦，经过英勇奋战，付出巨大牺牲，行程万余里，终于在同年7月回到祖国。他们用自己的生命和鲜血谱写了史诗般的英雄业绩，为我国各族人民反抗压迫、维护国家统一、民族团结树立了光辉的榜样，为中华民族留下了一笔宝贵的精神财富。

1.西迁伏尔加河畔

我们伟大的祖国，自古以来就是一个多民族国家。始源于额尔古纳河流域"逐水草而迁徙"的蒙古部族大约从7世纪开始逐渐向西迁移。13世纪初，成吉思汗统一蒙古诸部，15～16世纪，蒙古诸部逐渐形成了漠北蒙古、漠南蒙古和漠西蒙古。漠西蒙古也称作卫拉特蒙古，他们游牧于天山以北、阿尔泰山以南以及巴尔喀什湖以东、以南的广大地区。卫拉特蒙古分为4部，即绰罗斯（准噶尔）、和硕特、杜尔伯特和土尔扈特。另外，还有辉特等部。

（1）西迁的原因

随着经济、人口的发展，卫拉特蒙古各部生存空间受到限制。土尔扈特部首领和鄂尔勒克于1628年率领本部及和硕特、杜尔伯特、辉特部的部分民众，共计5万帐，离开塔尔巴合台（今塔城地区）向西迁徙，于1630年到达伏尔加河流域。

（2）伏尔加河畔的游牧生活

西迁伏尔加河流域的蒙古族部落一直保持着自己的语言文字、风俗习惯、宗教信仰等，建立了自己独立的汗国。他们尤其重视文化教育。《蒙古—卫拉

伏尔加河畔的游牧生活

特法典》曾规定，贵族和牧民的子弟必须学习蒙古文字，否则对其家长罚款。

2. 万水千山隔不断

西迁的蒙古族部落虽然与祖国远隔万里，又受到沙俄的制约，但仍在政治、经济、宗教等各方面与祖国保持着密切的联系。他们不断派使者前往卫拉特其他各部和清朝中央政府，表达了对祖国的忠诚和热爱之情。清政府也多次遣使到伏尔加河下游探望，使他们感到无比温暖，这种往来进一步激发了蒙古族部落高昂的爱国热情，坚定了他们的回归信念。

（1）与卫拉特各部的联系

1640年，面对沙俄不断扩张的严重威胁，准噶尔部首领巴图尔浑台吉在塔尔巴哈台召开了卫拉特与喀尔喀蒙古各部首领会议，土尔扈特部首领和鄂尔勒克也赶来参加会议。会上制定了著名的《蒙古—卫拉特法典》，调整了相互关系，加强了蒙古各部族的团结，共同

抗俄。

（2）与藏传佛教界的联系

蒙古族笃信藏传佛教，他们虽远离祖国，但经常派人到青海和西藏"熬茶供佛"。同时，一些西藏和蒙古族高僧也多次去伏尔加河进行宗教活动，曾邀请和硕特部佛学大师咱雅班第达到伏尔加河流域弘扬佛法一年之久。

（3）与清政府的联系及往来

西迁后的蒙古部族在与卫拉特蒙古各部加强联系的同时，还不断遣使前往清朝中央政府朝贡，他们对祖国的向往使清朝皇帝极为感动。为表示对远离祖国、寄居异域的蒙古部族的关怀，清政府曾多次派出使团前往伏尔加河探望慰问。

3. 壮士血染东归路

1771年1月17日，为了摆脱沙俄的残暴统治，17万蒙古族人在首领渥巴锡的率领下，离开伏尔加河流域，向着太阳升起的地方，历经艰难困苦，经过英勇奋

战，付出巨大牺牲，行程万余里，终于在同年7月回到祖国。

（1）东归的原因

蒙古族部落来到伏尔加河下游草原时，俄国的势力尚未控制到这里，后来沙俄的势力一步步向伏尔加河流域渗透，以种种手段诱迫他们改信东正教，为发动对外扩张战争，无休止地征兵，给蒙古族人民造成了严重的灾难，部族的生存受到严重威胁。反抗沙俄的民族压迫和民族奴役是东归的根本原因。

（2）誓师起义

为了挽救民族的危机，他们决定举行武装起义，重返祖国。1771年1月17日清晨，渥巴锡亲手点燃了自己的木制宫殿，宣布誓师起义。随后带领32000户近17万人的东进队伍组成3路大军，离开了生活将近一个半世纪的伏尔加河，踏上重返祖国的征程。

（3）万里东归路

在东归路途上，他们付出了巨大的代价，沙俄和哥萨克军队不断地追杀和堵截，瘟疫的磨难与损失，使无数人倒在了东归路上。在严峻时刻，策伯克多尔济高喊："如果再走回头路，每一步都会碰上亲人和同伴的尸体，沙俄是奴隶的国度，中国是理想之邦，让我们奋勇前进，向着东方，向着东方。"

4.安置故土祖国亲

1771年7月8日，策伯克多尔济率领的前锋部队在伊犁河支流察林河畔与前来迎接的清军相遇。7月17日，渥巴锡、舍楞率大队人马抵达伊犁河畔。至此，东归的英雄们完成了武装反抗沙俄奴役，东返祖国的伟大壮举！经过长途跋涉回到祖国的东归队伍，几乎丧失了所有牲畜，衣不遮体、形容枯槁。清政府及时从各地调拨大量物资进行赈济，帮助他们渡过了难关。

（1）祖国的温暖

1773年，清政府在东归的各蒙古部族设盟旗，各立盟长，颁发官印，

带你走进博物馆

东归英雄图

并派遣官吏进行管辖，使他们纳入清政府统一管理当中。自此，土尔扈特、和硕特、杜尔伯特人民在故土安居乐业。

　　（2）乾隆皇帝的召见与册封

　　1771年10月27日，承德普陀宗乘之庙落成之际，渥巴锡等前往瞻礼，与青海、新疆等地少数民族王公贵族一起参加了盛大法会。乾隆皇帝给予渥巴锡格外优待，并在庙内立《土尔扈特全部归顺记》和《优恤土尔扈特部众记》两篇碑记，以纪念东归。

乾隆皇帝的召见与册封

5.东归精神耀千古

东归壮举永远激励我们加强民族团结，维护祖国统一！东归后裔在保卫祖国西北边疆斗争中也做出了巨大贡献。他们和各族人民共同生活共同建设着美丽家园。

为增强陈列展示服务效果，巴音郭楞蒙古自治州博物馆展厅设有汉、蒙、维、英4种文字说明，力求声情并茂、直观生动，配有投影仪、电视、音响等电教设备，适时播放不同内容的宣教片，投入使用了语音导览系统、电子触摸屏

带你走进博物馆

带你走进博物馆

东归后裔们的幸福生活场景

等多媒体系统，给观众带来极大的方便。这些充分体现人性化的服务设施的使用，完善了展览的形式和内容，达到了试听结合的教育效果，充分满足了不同层次观众的参观需求。

巴音郭楞蒙古自治州博物馆的基本陈列和展览，为促进巴音郭楞蒙古自治州各民族之间的相互了解、进行爱国主义和民族团结教育具有极其重要的

意义，对发展巴音郭楞蒙古自治州的文化文物事业、旅游业，开发民族文化资源，改善投资环境均有十分重要的意义。目前，巴音郭楞蒙古自治州博物馆已成为巴州乃至自治区一大文化与旅游景点，成为巴州重要的对外宣传阵地，中外游客络绎不绝。

文化遗产

巴音郭楞蒙古自治州是新疆文物最丰富的地州之一，通过第三次全国文物普查，已发现不可移动文物点657处，有国家级重点文物保护单位14处，自治区级文物保护单位52处。

巴州境内古城遗址主要有楼兰故城、罗布泊南古城、米兰遗址、楼兰遗址、博格达沁古城等，佛教寺院遗址主要有七个星佛寺遗址、霍拉山佛寺遗址等，墓葬主要有小河墓地、古墓沟墓地、扎滚鲁克古墓群等，烽燧主要有孔雀河烽燧群、拉依苏烽火台等，石刻岩画主要分布在库鲁克塔格山河阿尔金山山区。

一、楼兰故城遗址

楼兰故城遗址位于若羌县罗布泊西岸。楼兰是古代西域重镇，通往丝绸之路南道的要冲。楼兰城废弃后，湮没在茫茫沙漠之中。由于史料上没有明确记载它的方位，千百年来，楼兰已成为历史上的一个谜。直到1900年春，瑞典探险家斯文·赫定在罗布泊西部探测时发现一座古城遗址，后经发掘，才证实此地就是楼兰故城。

从20世纪70年代至今，新疆文物考古工作者对楼兰故城进行了数次考察。故城平面呈不规则形，东墙长约333米、南墙长329米、西墙和北墙均为327米，城墙夯筑而成，在南北城墙的中段各有一个缺口，可能是城门。故城内最高的建筑物是位于城东部的一座高10.4米的佛塔，塔身用土坯加木料垒砌而成。塔基呈正方形，边长约19.5米。城中最突

带你走进博物馆

楼兰故城遗址·三间房和佛塔

出的建筑遗迹是中部的"三间房"，这三间房屋的墙壁是城中唯一使用土坯垒砌而成。房屋坐北朝南，东西两端的房屋都是木结构，木料上残留朱漆，有的木料长达6.4米。从这一组建筑物的位置和构造等情况分析，这里可能是当年楼兰故城的衙府所在。城中有一条呈东西走向、穿城而过的古渠遗迹，可能是古楼兰城居民取水的水道。故城西北5千米有一座烽燧，高12米，用黏土和木料砌筑而成。故城西南为住宅区，已坍塌。墙壁大多用两排红柳中间夹泥，以苇绳加固后外面再抹墙泥筑成。故城周围还有一些佛寺和烽燧等遗址、遗迹和古墓。

楼兰故城中出土过多种文物，有汉

楼兰故城遗址·民居遗址

五铢钱、贵霜王国钱币、唐代钱币，汉文和佉卢文残简，丝、毛织品残片，漆器、木器、玉器、铜器、料珠、金银戒指、耳环以及玻璃器皿碎片等。楼兰故城遗址对研究中西交通、东西文化交流和我国古代边疆与内地的联系等历史问题均有着重要价值。

1988年，楼兰故城遗址由国务院公布为第三批全国重点文物保护单位。

二、孔雀河烽燧群

孔雀河烽燧群分布在尉犁县境内孔雀河流域的干涸河床或山坡上。是古楼兰道以西一组性质单纯、布局有序、分布较广的军事通讯设施。根据调查，从

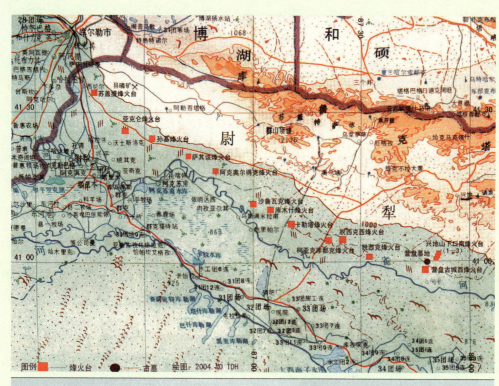

孔雀河烽燧群·分布图

尉犁县营盘古城北的营盘烽燧算起，往西依次发现兴地1~3号烽燧、脱西克吐尔烽燧、脱西克吐尔西烽燧、卡勒塔烽燧、沙鲁瓦克烽燧、萨其该烽燧、孙基烽燧、亚克伦烽燧。基本上是从楼兰沿着孔雀河向库尔勒方向延伸，在孔雀河畔两岸断续分布，长达150千米。目前已发现的各烽燧间距经考察测量发现，多在5~10千米，烽体呈正方形，残高3~10米，用夯土及土块修筑而成。

孔雀河烽燧群·脱西克吐尔烽燧

孔雀河烽燧群年代为汉晋时期，始建于约公元前100年，为汉晋时期中央经营西域的历史见证，是具有代表性的政治、军事、交通等文化遗产，是楼兰以西尉犁县境内最重要的交通、军事通讯设施。它东接楼兰、敦煌、玉门关，西连乌垒，在研究汉晋经营西域的历史以及军事通讯、丝路交通等方面具有突出的地位。

2001年，孔雀河烽燧群由国务院公布为第五批全国重点文物保护单位。

带你走进博物馆

带你走进博物馆

三、罗布泊南古城遗址

　　罗布泊南古城遗址位于若羌县南部荒漠中。是古代丝绸之路中段楼兰—鄯善国著名的城址。遗址由LK古城、LL古城及3处住宅房址组成，遗址内主要有城墙及房屋建筑遗迹等。

　　LK古城东北距楼兰故城50千米，平面呈长方形，面积约2万平方米。主要遗迹有城墙、房屋等。城墙顶部残高1.5～7米、基宽7米以上。城墙残高3～5.4米，墙体为夯土夹红柳、胡杨枝筑成。城内散落大量柱础、八角柱等建

罗布泊南古城遗址·LK古城全景

罗布泊南古城遗址·LK古城门房结构

筑材料。古城南部房屋大部分被流沙掩埋，房屋遗迹依稀可辨，房址墙壁残高0.9~1.2米、厚约0.27米，主要残留有胡杨方木榫相连的横梁竖柱房屋框架，以胡杨木棍及红柳枝作夹条、间夹芦苇、外涂草泥的房屋墙壁等。古城东墙南端为城门，城门外30米有大片冶炼炼渣，为冶炼遗址。LL古城平面呈长方形，东墙长71.5米、南墙长61米、西墙长76米、北墙长49米。城墙的筑造形式与LK古城相同，为同一时期。

LK古城西北3千米、LL古城西北8千米处有3处住宅房址。最大房间面积10.67米×7.93米，房屋为木柱框架，墙体为内编排红柳枝、外抹草泥的结构。遗址附近100米外有一条宽60～150米的古河道。该遗址对研究汉代经营西域、楼兰—鄯善国及丝绸之路等方面的历史具有较高的价值。

2001年，罗布泊南古城遗址由国务院公布为第五批全国重点文物保护单位。

四、米兰遗址

米兰遗址位于若羌县城东南，是汉唐丝绸之路上重要的文化遗存。

米兰古城南北长约56、东西长约70米，城墙高6～13米。墙体为夯筑而成，夯土层中夹着层层红柳枝，上层局部用土坯垒筑。城墙四角有望楼，北墙有两座马面，东墙有一座马面。南墙中部有

米兰遗址·全景

米兰遗址·建筑遗迹

一个土台，高13米，其上三面有夹红柳枝条的夯筑矮墙，起到马面和烽燧的作用。西墙有两处5～6米的缺口，似为城门。古城北部和东部房屋集中，均为土坯建筑，大间房屋面积5米×3.5米，小

间房屋面积1.5米×1.5米。

古城西南约1.8千米及东北2.5千米遗存2座烽燧。台体平面均呈正方形，底部边长约6、高约6米。这两座烽燧同古城中的土台相望，组成了防卫设施，扼

守在交通线上。城址内有3座佛寺遗址，其中两座在西南和南部的佛塔群中，一座为边长9米的正方形围墙，中心为土坯垒砌直径约2.7米的圆形矮塔；另一座寺院在其南侧，形式相同，不同的是围墙内有数间僧房；第三座寺院在古城东北约2千米，是被称为"磨朗寺"的大型寺院遗址。现残存两座土坯建筑，高约6米，上层为正方形，土坯间残留有木柱。

米兰遗址东北部有古灌渠，由1条主干渠、7条支渠和许多斗渠、毛渠组成，呈扇形向南北展开，所灌溉范围南北长约5千米、东西长约6千米。

米兰遗址以古城、寺院、佛塔、烽燧、古灌渠为一体，是汉唐时期楼兰—鄯善国城堡建筑、佛教文化、军垦屯田等的综合体现，在研究汉唐经营西域史、楼兰—鄯善国史等诸多方面具有较高价值。

2001年，米兰遗址由国务院公布为第五批全国重点文物保护单位。

米兰遗址·佛塔

五、七个星佛寺遗址

七个星佛寺遗址位于焉耆县城西部七个星乡的霍拉山山前地带。是一处由石窟及寺院组成的佛教遗址，为晋唐时期古焉耆国规模最大的佛教建筑群。

七个星石窟顺山势开凿，现残存11个洞窟，部分洞窟中残存有佛像基座及壁画。洞窟形制主要有两种，一种为纵券顶单室窟，另一种为前后室结构的支提窟，中心柱呈扁方形，与克孜尔石窟一期洞窟相似。地面佛寺遗址位于石窟东南部，规模较大，现存殿堂、僧房、塔等大小建筑93处（间），分布面积达6万平方米。遗址中曾出土一批泥塑菩萨、比丘、供养人、武士、护法神头像、十二生肖、植物、建筑饰件以及

七个星佛寺遗址·石窟群

带你走进博物馆

带你走进博物馆

七个星佛寺遗址·僧房建筑遗址

回鹘文木简、焉耆文《弥勒会见记》剧本等文物。对研究佛教发展史、绘画艺术、建筑以及戏剧发展史等诸多方面具有重要的价值。

七个星佛寺遗址·采集唐菩萨陶像

七个星佛寺遗址·出土唐蔫书文《弥勒会见记》剧本

2001年，七个星佛寺遗址由国务院公布为第五批全国重点文物保护单位。

六、营盘古城及古墓群

营盘古城及古墓群位于尉犁县兵团第二师35团甘草厂，地处孔雀河干河床北岸、库鲁克塔格山以南的山前戈壁滩上。

营盘古城及古墓群于1893年由俄国人发现，之后又经历多次调查。1995年，新疆文物考古研究所在营盘古墓群进行抢救性发掘，发掘墓葬32座。遗址由城址、佛寺遗址和墓葬区组成。城址平面呈圆形，直径180米，面积约25434平方米。城墙基本完整，高2～5米、宽4～5米，大部分为夯筑，夯层中每隔1米夹一层红柳枝或芨芨草及草根层，厚约0.1米。在西面城墙中有一段7～8米长的土坯结构的墙体，城门开于东面，城门缺口宽约12米。在古城的南略偏东段有一处向外凸出的土坯建筑堆积，形状不太规整，长8米、宽6米，外为土坯、内为夯土，似为马面建筑。佛寺遗址位于古城北部、墓地东侧的山梁上，面积9900平方米。目前，残存大小不一的佛塔9座，其中一座大的佛塔直径12米、高5米，外有南北长33米、东西长25米的围墙遗迹。古墓群位于古城西北约1.5千米，南北长约250米、东西长约1500米，现存墓葬300余座，已发掘112座。墓葬地表多有木桩标志，木桩立于墓葬的四角、一侧或两侧，多者7～8根，少者1～2根，或露出地表约0.1米，或没入地下。墓葬形制分长方形竖穴土坑墓和竖穴二层台墓两种类型，以土坑墓为主。随葬品有木器、漆器、陶器、铜器、铁器、玻璃器、金银器和丝毛织品。

营盘古城及古墓群·古城遗址内景

营盘古城及古墓群·墓地

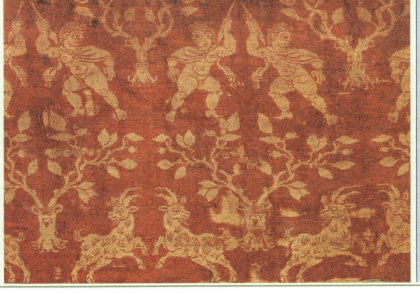

营盘古城及古墓群·墓地出土红地对人兽树纹双面袍局部

带你走进博物馆

带你走进博物馆

　　营盘古城及古墓群是汉晋时期丝绸之路"楼兰道"的必经之地和十字路口，战略位置非常重要。对研究西域交通史和丝绸之路史具有较高的价值。营盘古墓群出土的彩棺、丝毛织品等罕见的珍贵文物和完整的人体标本，对研究汉晋经营西域史以及丝路贸易和体质人类学等方面提供了珍贵的实物资料。

　　2013年，营盘古城及古墓群由国务院公布为第七批全国重点文物保护单位。

七、兰城遗址

　　兰城遗址位于和硕县乌什塔拉乡，地处天山南麓的焉耆盆地东部、博斯腾湖东北部的平原地带。

　　1981年，新疆文物考古工作者对

兰城遗址·全景

该城址进行了调查。遗址平面略呈正方形，中有隔墙，分为南北城，总面积约56300平方米。城墙用黄土夯筑而成，保存基本完整。西墙残长约250米、厚约7米、残高约7米；南墙长约246米，外有马面约12座，墙体厚约19、残高约9米；东墙残长约265米，有一个宽约15米的豁口，为城门；北墙残长约205米。城址四周有壕沟，宽20余米。城内地表散布有陶片、石磨盘等遗物。

兰城遗址是新疆境内保存较完整的一处唐朝军镇。据《新唐书·地理志》记载，兰城遗址应是唐代张三守捉城。兰城遗址地处丝绸之路北道要冲，对研究西域军事设施及丝路交通等方面具有重要的价值。

2013年，兰城遗址由国务院公布为第七批全国重点文物保护单位。

八、巴仑台黄庙古建筑群

巴仑台黄庙古建筑群位于和静县巴仑台镇巴仑台沟。始建于清光绪十四年（1888年），清廷赐名"永安寺"。原以黄庙为中心有14座寺庙，现仅存黄庙、却金庙、避暑王府（生钦活佛府）三座。砖木结构，总建筑面积约1700平方米。

黄庙是一座砖木结构的楼阁建筑，平面呈长方形，纵向布局，进深七间，面阔三间，面积550平方米。正殿（中央部）为歇山顶，黄色琉璃瓦盖顶，左右为耳房，殿内墙壁绘有13幅宗教人物壁画，柱、枋等构件多通体彩绘，大门上绘四兽奇缘和护法金翅鸟画，门两侧墙面上绘有佛教故事壁画。

却金庙位于黄庙东侧约500米，平面呈长方形，面积约270平方米。其建筑结构、风格与黄庙相似，唯规模面积较黄

巴仑台黄庙古建筑群·避暑王府

庙小。殿中柱上有雕龙等精美图案。

避暑王府（生钦活佛府）是活佛避暑办公住所，位于黄庙西侧约500米，为四合院式建筑，面积约880平方米。

巴仑台黄庙古建筑群是新疆境内规模最大的喇嘛教庙宇之一，对于研究蒙古族喇嘛教、寺院建筑风格及宗教绘画艺术具有较高的价值。作为东归的蒙古土尔扈特部所建寺庙，巴仑台黄庙古建筑群对于维护民族团结、实现边疆稳定有积极的历史意义与社会意义。

2013年，巴仑台黄庙古建筑群由国务院公布为第七批全国重点文物保护单位。

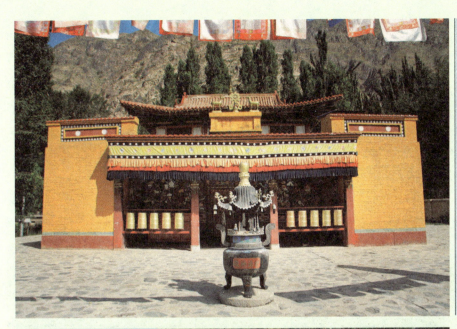

巴仑台黄庙古建筑群·却金庙

巴仑台黄庙古建筑群·黄庙

带你走进博物馆

九、察吾呼古墓群

察吾呼古墓群位于和静县哈尔莫墩乡境内。是新疆地区目前发现最大的一处氏族公共墓地。墓地规模宏大，墓葬密集，排列有序，特征鲜明，在新疆地区罕见。方圆5千米范围内有五片较大的墓地，墓葬2000余座，已发掘589座，出土文物5000多件。墓葬的年代为公元前990～前625年，大体相当于中原地区的西周～春秋时代。

察吾乎古墓群·发掘现场

察吾呼古墓群·出土兽纹铜镜

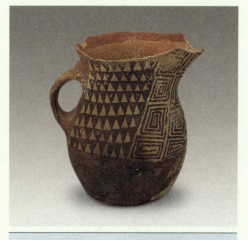

察吾呼古墓群·出土彩陶单耳带流杯

　　察吾呼古墓群以察吾呼一号墓地和四号墓地为主，附近还分布有二号、三号、五号等墓地，形成南北长6.4千米、东西长3.4千米的墓葬分布区。

　　一号墓地分布在察吾呼沟口西南2.5千米的山前台地上，台地略呈南北向的长方形，在南北250米、东西50米的范围内密集有序地排列约700座墓葬。墓葬均为竖穴石室墓，地表有石围标志，石围呈长圆形、椭圆形和圆形。墓口大部分

有石盖板，墓壁用片石、卵石垒砌。墓室多为袋状，一般长2米、宽1米、深1.4米的为多。

　　部分墓葬周围还附有马头坑及儿童墓等。墓葬除个别为一次葬外，基本为二次葬，而大部分为多人合葬，最多者可达二三十人。随葬品中陶器占多数，带流器较有特色，彩陶占有一定比例，青铜器较为丰富。

　　四号墓地分布在察吾呼沟口北侧大

体呈西北—东南向的不规则长方形台地上，南北165米、东西80米，约有墓葬250座，墓葬密集，分布有序。墓葬地表有弧腰三角形的石围标志，其墓室、墓口、盖板等与一号墓地相似。殉马和随葬羊较为普遍。随葬品的种类比一号墓地丰富，陶器中带流器较多，彩陶占有六分之一，通体饰彩，图案华美；青铜马具、锥、龙纹镜以及骨镳、雕花木纺轮、石化装饰棒等都很有文化特色。此外，四号墓地东北附近的山坡上有一片祭坛区，祭坛以大块卵石围砌成圆形，上置红、黄、白、黑四色石，十分引人注目。

察吾呼墓地的墓葬形制、出土文物及文化内涵，表现出鲜明的地域文化特征，已被正式定名为"察吾呼文化"。该墓地及出土文物代表着天山中段地域特征鲜明的一支考古学文化，具有重要的历史、科学研究价值。

2001年，察吾呼古墓群由国务院公布为第五批全国重点文物保护单位。

一〇、扎滚鲁克古墓群

扎滚鲁克古墓群位于且末县境内。目前已发现五片墓地。一号墓地规模最大，墓葬分布相对集中，南北长1100米、东西长750米，面积达82.5万平方米。墓地的年代上限距今约3000年，下限至魏晋时期。表现出三期文化特征，第一期距今3000年，属于先且末国时期文化；第二期属于且末国时期文化；第三期为东汉至魏晋时期。

扎滚鲁克古墓群以一号墓地为代表，可分为南北两大区。北区墓葬相对较少，较为分散。南区墓葬较多且集中。墓葬形制有长方形竖穴土坑墓、长方形竖穴土坑棚架墓、单墓道长方形竖穴棚架墓、方形竖穴棚架墓、洞室墓等类型。第一、二期墓葬以多人合葬为主，第三期墓葬多为单人葬或双

扎滚鲁克古墓群·出土箜篌

扎滚鲁克古墓群·出土陶碗

扎滚鲁克古墓群·出土皮靴

扎滚鲁克古墓群·出土刻鹿纹木桶

人合葬。第二期墓葬发现比较多，为一号墓地的主体。出土了一批珍贵文物，主要有陶器、石器、骨木器、毛织物、丝织品、皮制品等。其中，两件木箜篌是新疆地区乃至全国目前发现年代最早的箜篌乐器实物。具有特色的陶器、骨木器、精美的毛织品、鸟纹刺绣丝织物

"延年益寿大宜子孙"锦等，表现出古且末文化与丝路文化及北方草原文化交流融合而形成的地域文化特征，是西域文明史中一处具有重要代表性的文化遗产，具有很高的历史、科学和艺术价值。

2001年，扎滚鲁克古墓群由国务院公布为第五批全国重点文物保护单位。

一一、楼兰墓群

楼兰墓群位于若羌县罗布泊西北的荒漠中。主要由铁板河墓群、楼兰城郊墓群组成。

楼兰墓群分布在南北长约30千米、东西长约26千米的范围内，面积约250平

楼兰墓群·壁画墓

楼兰墓群·墓室壁画

方千米，墓葬达500余座。已发掘墓葬20余座，出土文物300多件。墓葬形制一般为长方形竖穴土坑墓、单墓道长方形竖穴棚架土坑墓、斜坡墓道洞室墓等。其中，已发现的部分汉晋时期的斜坡墓道洞室中有中心柱，个别墓室中有彩绘壁画和彩棺，很有特色。随葬物品主要有丝、毛、棉织品及钱币、项珠、铜镜、木器、漆器、铜器、铁器、草编篓等，其中，最具特色的是织有隶书文字的汉代织锦。由于特殊的地理环境和气候等因素，随葬品中的木漆器、毛丝织品等保存较好，部分墓葬还出土保存完好的干尸。

楼兰墓群年代久远、文化内涵丰富，上限年代距今约3800年，下限年代为汉晋时期，是新疆重要的早期古人类文化遗存。出土文物融合了浓厚的东西方文化因素，精美的丝织品以及墓室中残留的彩色壁画等极为珍贵，是研究古楼兰国人类活动以及丝绸之路经济贸易、东西文化交流、汉晋经营西域史方面的重要史料依据。

2006年，楼兰墓群由国务院公布为第六批全国重点文物保护单位。

一二、小河墓地

小河墓地位于若羌县北部、孔雀河下游南流的一条支流东侧约4千米的荒漠中。墓地外观为一个巨大的椭圆形沙山，大致呈东北—西南向，高约7米、长74米、宽35米，总面积约2500平方米。

20世纪初，小河墓地由罗布猎人奥尔德克首次发现，1934年，瑞典考古学家贝格曼进行了调查，并发掘了其中的6座。2001年，巴音郭楞蒙古自治州文物保护管理所对该墓地进行了位置测定和调查工作。根据统计，墓地原有墓葬约

小河墓地·南区第一层墓葬

300座。2002~2005年，新疆文物考古研究所在小河墓地共发掘墓葬167座，出土珍贵文物1000余件。墓葬实行单人葬，用木质棺具分层埋葬。墓地的中部偏东和西端分别各有一道平行的木栅墙，将墓地分为南北两区。南区墓葬保存相对较好，数量较多且密集。大多数墓葬结构一致，即沙坑中置木棺，棺前栽柱状或桨形立木，棺后竖红柳棍或细胡杨木棍。多数墓葬在墓室的最前端再立一根高3~5米的粗木柱，木柱露出地表的部分涂红，木柱顶端悬挂牛头，根部多置芦苇、骆驼刺、麻黄或甘草等耐旱植物和羊腿骨，旁侧放草篓。墓地的墓葬实行单人葬，死者均头向东，仰身直肢，头戴毡帽，毡帽多缀红毛绳、伶鼬皮，插羽饰，足蹬短腰皮鞋，身裹毛织斗篷，斗篷边缘捆扎包有麻黄枝、麦或粟粒的小包。随葬品除随身衣物、项饰、腕饰外，每座墓葬必在斗篷外右侧置一具草编篓，身上或身下多放置麻黄枝、动物耳尖、动物筋绳、麦粒或黍粒以及红柳棍、禽类羽毛、弓箭、木梳、皮囊、木祖等。而且，葬俗与随葬品种类也因墓主人性别不同，表现出明显区别，男性木棺前立木呈桨形，女性木棺前立木呈柱状。

小河墓地是新疆史前墓葬中年代早、规模大、形制特殊、内涵丰富的重要遗存，具有典型的考古文化特征，对构建新疆区域性考古文化体系有着重要价值。

2013年，小河墓地由国务院公布为第七批全国重点文物保护单位。

一三、满汗王府

满汗王府位于和静县城广场南侧。始建于1919年，现存有正殿、东西配殿、庭院及后院等，总建筑面积1304平方米。

满汗王府是一座中俄蒙风格相结合的土木结构建筑，主体建筑为俄式

满汗王府·全景

风格，整体为均衡对称的中国传统合院式布局，窗户及檐下雕饰图案具有蒙古族文化特色。正殿为两层建筑，一楼是满汗王处理日常事务的办公场所；二层为阁楼，专为供奉满汗王祖先神位之用。东、西配殿为满汗王大、小福晋的居所。

满汗王府曾是南路土尔扈特第27代王满楚克札布的官邸，一度成为南路旧土尔扈特部的政治、文化和宗教活动中心，是土尔扈特部从伏尔加河流域东归祖国的重要实物见证，对研究土尔扈特部东归后的政治、经济、文化发展等有重要价值。满汗王府是新疆规模较大、保存较完整、具有独特风格的王府建筑，是研究新疆地区蒙古族建筑的珍贵实物资料。

2013年，满汗王府由国务院公布为第七批全国重点文物保护单位。

一四、红山核武器试爆指挥中心旧址

红山核武器试爆指挥中心旧址位于和硕县城东北约40千米的那音克乡政府驻地的山沟中。建成于1966年，原为中国人民解放军国防21基地。

红山核武器试爆指挥中心旧址由东区和西区两大建筑群组成。两区共有建筑52栋，建筑面积81740平方米。西区主要建筑有司令部、政治部办公大楼以及配套的家

红山核武器试爆指挥中心旧址·原基地司令部办公楼

带你走进博物馆

红山核武器试爆指挥中心旧址·原基地第三研究所大楼

属楼、招待所、将军楼、俱乐部、商店、学校、气象站、连队营房以及锅炉房、防空洞等，建筑面积30000平方米。西区多数建筑保存基本完好，目前大部分作为民用。东区建筑分布较零散，主要有研究所办公楼、科研楼、防化试验楼以及配套的家属楼、通讯、邮电、学校、医院、军人服务社、俱乐部、供水供暖等建筑。整个东区的建筑形制、风格与西区基本一致，总建筑面积15000平

方米。东区大部分建筑保存较为完好。

红山核武器试爆指挥中心旧址是我国现代重要的国防建设基地之一，布局完整、规模宏大，是我国国防建设发展史的重要见证，表现了中国核工业建设中自力更生、奋发图强的精神，具有重要的历史价值和科技价值。

2013年，红山核武器试爆指挥中心旧址由国务院公布为第七批全国重点文物保护单位。

教育交流及服务信息

一、服务队伍建设和服务方式

巴音郭楞蒙古自治州博物馆拥有专业讲解员6人，志愿者31人，志愿者中有维吾尔族双语小小讲解员9名、蒙古族双语小小讲解员2名。每周二至周日11点和16点为定时讲解时间，可讲解语种有汉语、维吾尔语、蒙语、英语。讲解员针对不同层次观众的求知需求和当地民族观众的参观需求，做到因人施讲、因人施教。讲解佩戴语音导览器，实行挂牌讲解服务，馆内设立观众意见簿，接受观众监督。博物馆新馆自2012年12月正式开放以来，截至2016年，共接待海内外观众近120万人次，接待团体900余批次，博物馆每年开放时间不低于300天，

观众凭身份证等有效证件免费参观。博物馆免费提供团队预约讲解服务和定时讲解服务，机动车和非机动车停车场、物品寄存柜、公共饮水台、休息座椅、触摸屏查询电脑、轮椅、医药箱、雨具等服务设施设备。为观众免费提供多语种导览图、展览介绍彩页等项服务。

二、宣传教育

巴音郭楞蒙古自治州博物馆每年精心组织开展流动博物馆进村（社区）巡展活动，巡展内容包括："血脉相连——新疆地方史、民族史、宗教史发展演变的珍贵印迹""相斥相宜、交融沟通——新疆多元教育的演变历史轨迹""新疆古代服饰的记忆""千年舞乐·经典传承——新疆舞乐艺术流动展""东归精神代代传——东归历史图片展"。2015～2016年，流动博物馆累计参观人数13万余人次，展出展板近

带你走进博物馆

巴音郭楞蒙古自治州"流动博物馆"

巴音郭楞蒙古自治州"流动博物馆"

巴音郭楞蒙古自治州"流动博物馆"

巴音郭楞蒙古自治州"流动博物馆"

170块，发放维汉双语宣传折页16万余份，所到之处均受到各族群众的欢迎和好评，并在全州营造了一股学习新疆历史，揭批宗教极端思想的热潮，成为新疆巴音郭楞蒙古自治州"去极端化"宣传教育向前推进的新亮点。在今后的工作中，博物馆将把"流动博物馆"巡展活动当作一种工作常态，通过通俗易懂的方式

巴音郭楞蒙古自治州"流动博物馆"

"聆听历史之声，感悟汉字之美"汉字听写大赛

和朴实的言语把历史文化知识和爱国主义教育传达给基层群众，让更多的群众享受到均等的公共文化服务，弘扬中华文化，推动巴州文化大发展大繁荣。

巴音郭楞蒙古自治州博物馆充分利用节假日，积极组织社教活动，相继举办了"我眼中的博物馆——小小画家博物馆采风活动""巴音郭楞蒙古自治州博物馆第一届民间收藏免费鉴宝活动""铭记历史，珍爱和平"书法创作活动、迎新春"羊娃娃"少儿灯笼制作活动、"忆革命先烈，讲英雄故事"清明节活动、"聆听历史之声，感悟汉字之

"忆革命先烈，讲英雄故事"活动

迎新春"羊娃娃"少儿灯笼制作活动

带你走进博物馆

美——让躺在博物馆里的汉字活起来"等社教活动。

2013年，建成巴州数字博物馆并开通官网、微信公众号和微博平台，为百姓提供了享受文化熏陶的全新模式，人们通过网络，足不出户就能身临其境地徜徉在博物馆中，感悟博大精深的中华文明历史。

三、藏品交流展示

巴音郭楞蒙古自治州博物馆许多珍品先后走出巴州向世人展示。1992年、2002年，巴州博物馆部分文物精品，先

带你走进博物馆

"草原古韵，塞外风情"内蒙古包头博物馆馆藏唐卡、岩画文物精品展

西安半坡博物馆"远古回声——半坡遗址与半坡文化展"

后参展由国家文物局在日本举办的"中日建交二十周年文物展"和"中日建交三十周年文物展"。1993～1996年，100余件文物赴广东、福建等省的20余个市进行文物巡展。2003年，选送部分文物参加了由新疆维吾尔自治区文物局在中国国家博物馆举办的"天山·古道·东西风——新疆丝绸之路文物特展"，展览引起巨大反响，使古老的丝路文明在21世纪继续延伸，为世界人民认识历史之中国所发挥的独特价值起到了重要作用。

巴音郭楞蒙古自治州博物馆新馆拥有4个临时展厅，展览面积2400平方米。展厅可满足不同类别的展览需要，新馆开馆以来，相继举办了"大师印记——毕加索版画展""毗卢寺壁画展""国家博物馆牵手文明图片展""清冶铜华以为镜·莹光如水照佳人——陕西历史博物馆馆藏铜镜展""草原古韵·塞外风情——内蒙古包头博物馆馆藏岩画、唐卡、文物精品展""远古回声——半坡遗址与半坡文化展""饮食男女——从科技考古看仰韶先民的饮食与婚姻生

广东革命历史博物馆"孙中山与黄埔军校"展

活""共产党人与黄埔军校"等疆内外文物交流展览。

巴音郭楞蒙古自治州博物馆于2015年开始筹备原创展览"走进楼兰"特展，主要展示丝绸之路楼兰道上发现的珍贵遗迹和历史文物，包括石器、玉器、陶器、木器、纺织品等。巴音郭楞蒙古自治州博物馆地处丝绸之路经济带南通道，是第二条亚欧铁路大陆桥的必经之地，基于这一区位优势，巴州正向世人展示着无限的魅力和广阔的发展前景。相信希望通过该展览，能够搭建起边疆与内地文化交流的平台，有力地促进民族文化繁荣发展，为观众开启一扇通向楼兰文明的历史之窗。

陈列展览是一个文化宝库，巴音郭楞蒙古自治州博物馆将不断引进各类展览，丰富各族观众的精神文化生活，还将通过出版各种图书、画册、音像制品，以及文创产品等，揭示历史的神秘面纱，使之更加直观而全面地展现在海内外各界观众面前。

博物馆基本信息

地址：库尔勒市石化大道与迎宾路口

邮编：841000

联系电话：0996－2688007　　传真：0996－2683656

免费开放时间：

　　　　星期二至星期日10：00～18：00，17：30停止入场。

　　　　星期一（国家法定假日除外）闭馆，除夕日闭馆。

交通：公交9、26、101、1、28、50路可达